走向光明

葉劉淑儀 著

代序

王振民
清華大學教授

我一直喜歡讀葉太的文章。文如其人。她的文字就像她的為人，愛恨分明，嫉惡如仇，充滿正氣和正能量；她快人快語，直來直往，從不拐彎抹角，從不矯揉造作。用一個英文諺語來說就是："call a spade a spade"。

二〇一九年以來，香港經歷了由治到亂、再由亂到治兩次重大轉變。《走向光明》一書彙集了葉太這期間對香港治亂交替、對國家和世界發展的最新觀察與思考。她不僅是香港為數不多真正研究過西方民主理論和實踐的資深政治人物，而且是香港民主實踐的重要參與者、親歷者。因此，她的政論文字實事求是，切中要害，總能給人啟迪，讓人深思，令人透過紛繁複雜的表像看到事物的本質和真相。特別是她在香港「黑暴」期間和之後寫的文章，就像黑夜裏的光芒，讓人們看到了正義和希望。我喜歡這本書的書名《走向光明》。是的，香港正在走向光明。隨着中央一系列撥亂反正舉措的落地實施，我們高興地看到香港正在恢復法治和秩序，恢復生機和活力，「一國兩制」的紅利得以充份釋放，東方之珠風采依然，前途無限光明。我樂意向讀者推薦本書。相信葉太的著作能夠助力香港走向更加美好的明天。

二〇二一年仲夏　於清華園

自序

葉劉淑儀

我的讀者朋友都知道，每年書展，我都會出版新書，當中有政論系列，有教授英語的，也有兩本自傳式作品。從二〇〇八年的首著作《四個葬禮及一個婚禮》（《明報出版社》）開始，來到今年二〇二一年的《走向光明》，已是我的第二十一本著作。

由二〇一二年第一本政論作品《理性有時．感性有時》（《明報出版社》）開始，每年的著作主要輯錄我刊於《明報》專欄〈三言堂〉的文章，直至近年我的專欄「地盤」多了，書作便一併收錄我在《經濟日報》、《經濟通》及「面書」撰寫的文章。這些文章的共通點，都是緊貼時代，記錄了我在當下對世界、對國家、對香港局勢的分析與點評，再加上我的官場回憶、民間體驗和議會經歷等等，因此，若把我歷年的著作整合起來，大抵就是葉劉淑儀版本的香港誌，對香港的發展、「一國兩制」的實踐，有一定的啟示。

記得在二〇一九年出版《突破紛擾》時，特區政府推出修訂《逃犯條例》，引起社會巨大爭議，政治形勢急轉直下，那種山雨欲來的感覺讓人感到迷霧重重，我因此把著作定名《突破紛擾》，希望能和港人一起，撥開迷霧。之後一年，香港經歷了史無前例的動亂，反對修訂《逃犯條例》演變成反政府黑暴，暴力程度比六六、六七暴動更甚，社會撕裂，人心分化，黃藍陣營勢成水火，堵路、打鬥、私了、縱火，無日無之。我認為當時的香港面前有兩條路，抑是特區政府能採取有效措施扭轉局勢，香港回復平靜；抑是喪失秩序，法治崩潰，香港沉淪。換句話説，我認為香港走到了《臨界點》，二〇二〇年的著作由是定名。

至於今年的著作能稱《走向光明》，反映香港掃除黑暴，重回正軌。轉捩點是中央政府堅定果斷地為香港訂立了《港區國安法》，並於二〇二〇年六月三十日在港實施，填補了香港回歸二十多年來仍未能為廿三條自行立法的法制缺失。《港區國安法》縱然是由人大常委草擬，但是立法原則及罪行界定等等，均符合普通法原則，即是中央政府為了顧全香港不同法制的特色，特意為香港度身訂造這條可以在普通法管轄區內執行的法例，可謂用心良苦。事實上，《港區國安法》生效後立竿見影，有人即時金盆洗手，有人潛逃海外，也有人偃息旗鼓，泛民陣營土崩瓦解，社會回復秩序、安寧，大部份市民舒一口氣。

《港區國安法》成功落地，國家安全有所保障後，中央政府繼續為香港做了大量工作。

在二〇二〇年十一月十七日的《基本法》頒佈三十週年法律高峰論壇上，多位重量級講者均引述了上世紀八十年代，已故領導人鄧小平先生提倡的愛國者治港論，即「港人治港有個界線和標準，就是必須由以愛國者為主體的港人治理香港」。當時鄧小平先生已經提出了愛國者的標準，就是「尊重自己民族，誠心誠意擁護祖國恢復行使對香港的主權，不損害香港的繁榮和穩定」。接着，全國政協副主席、國務院港澳事務辦公室主任夏寶龍在「完善『一國兩制』制度體系，落實『愛國者治港』根本原則」專題研討會（二○二一年二月二十二日）上，明確指出「愛國者治港」的原則，以及「治港者必須能夠全面準確理解和貫徹『一國兩制』方針」。

政制及內地事務局隨即提出《二○二一年公職（參選及任職）（雜項修訂）條例草案》，把本來不用宣誓的區議員納入《宣誓及聲明條例》，並且以破天荒的處理手法，仔細羅列「正面清單」（六項）及「負面清單」（九項），定義何謂符合或違反「擁護《基本法》及效忠香港特別行政區」，確保不尊重國家主權、憲法、《基本法》的人士不能成為官員、議員或公職人員，日後泛民陣營難以鑽空子。

最重要的是，人大會議於二○二一年三月十一日作了「完善香港選舉制度」的「決定」，決意撥亂反正。人大常委會在三月三十日的會議上全票通過修訂《基本法》附件一〈香港特別行政區行政長官的產生辦法〉及附件二〈香港特別行政區立法會的產生辦法和表決程序〉。立法會則在五月二十七日三讀通過《二〇二一年完善選舉制度（綜合修訂）條例草案》，為香港的選舉制度譜下新的一章。

在新的選舉制度下，選舉委員會、立法會的構成與過往截然不同，再加上設立候選人資格審查委員會，種種安排務必確保政治安全，即不論特首、立法會議員、選委席位，均不能墮入反中亂港、危害國家安全及發展利益的人的手裏，並且要達致愛國者治港的目標。

從此，香港邁向下一個階段，進入新時代。

正如時任港澳辦副主任的張曉明於二〇一二年十一月二十六日發表的文章〈豐富「一國兩制」實踐〉所說，在實踐「一國兩制」的過程中，必須把握好三對關係——堅持「一國」原則和尊重「兩制」差異，維護中央權力和保障特別行政區高度自治權，發揮祖國內地堅強後盾作用和提高香港自身競爭力。

我希望港人明白，今日中央政府為香港所做的政制大手術，是在泛民陣營越過紅線，步步進迫，甚至企圖藉着選舉、透過「35+」議席來推翻特區政府，攪炒香港後，迫使中央政府不得不出手，以維護國家安全及準確落實「一國兩制」而作出的重大調整，也是香港新的格局。

我有信心，當社會恢復安寧，政局穩定下來，香港便能在「一國」的強大後盾下，重新思考如何保持「兩制」的活力；同時向國際社會展示香港的真實面貌，爭取西方對「一國兩制」的認同；提高港人對國家的認同感，彼此攜手，一起走向光明。

二〇二一年六月下旬

目錄

第一章 管治香港　抓對制度

第二章

改革教育　推動創科

第三章

圍堵中國　美國崩壞

第一章

管治香港　抓對制度

港式民主走入死胡同

《經濟學人》（*The Economist*）一篇評論英國政治形勢的文章“Politics in the Time of COVID-19”認為，英國內閣對新冠肺炎疫情的抗疫工作表現得過度自信。約翰遜需要吸納反對黨組織聯合內閣來共同應對問題，仿效當年邱吉爾首相於二戰時期邀請工黨的艾德禮（Clement Attlee）加入其戰爭內閣。

過去英國被兩種政治現象主宰。其一是「革命式政治」（politics of revolution），旨在顛覆整個英國的政治狀態，如剛成功的硬脫歐；其二是「做政治秀」（politics as performance or spectacle）。無可否認，政治人物是要在社會大眾面前「表演」，如英國首相必須每星期前往國會回答問題，性質與行政長官及各級官員在立法會回答議員問題一樣。而「做秀」脱穎而出的，近年來便有文章引述的約翰遜和美國總統特朗普。前者曾任記者，深諳公關技巧，懂得利用傳媒宣傳自己；後者更廣泛運用推特，只要關注他的賬號便能跟貼政府的施政決定。

數百年來，西方國家富庶繁榮，人們認為只有民主制度才能使國家強盛，民主制度逐漸被視為普世價值。香港目前的情況與英國十分相似，反修例風暴體現所謂的革命式政治，發起和參與抗爭的人鼓吹攬炒，意欲玩一場零和遊戲推翻現行制度。

回顧香港的民主發展，以立法會選舉為例，自一九八五年起設立功能組別，舉行間接選舉。一九九一年舉行直接選舉，其中十八名議員由九個地方選區一人一票直接投票產生。市民選出代議士是為了向政府表達意見和謀福利。然而，在立法會會議上，議員往往向官員提出挑釁性問題，有些問題更與議題無關，或者因為政治目的，不惜拉布，拖垮民生議案。

議員不履行自身職責，這些行為真是為了實踐民主嗎？不，這正是上述的另一種政治現象「做政治秀」而已。

我自二〇〇八年當選立法會議員以來，便發現議會中不乏「政治表演藝術家」。當中佼佼者為人稱「長毛」的梁國雄，以出位行為吸引市民眼球，後來黃毓民和陳偉業更是發揮得淋漓盡致。譬如，時任行政長官曾蔭權提出生果金需要資產審查的政策時，黃毓民突然向他扔擲香蕉，於是翌日所有媒體的重點報道變成「掟蕉」，轉移了市民的焦點，沒人留意政府的政策了。

及後，這三位泛民舊同事多次拉布，終於一次在二〇一二年被時任立法會主席曾鈺成「剪布」，也因此鬧上法庭。二〇一三年上訴庭裁定立法會主席有權根據《議事規則》終止冗長辯論。後來，泛民可能認為拉布威力不足，於是出新招施壓，變得愈來愈激進，他們先後策劃違法佔中及多場大型遊行，甚至不惜訴諸暴力，挑起市民情緒，只求爭取選票。

其實泛民立法會議員中不乏專業人士，平日大家在走廊上遇到也以禮相待。但一旦在鏡頭前，他們便會激動起來，聲嘶力竭，甚至衝向主席台前大吼大叫，表現判若兩人。甚至是來自法律界的議員也政治掛帥，鮮有循法律理據就議題發表意見。政客成為煽動群眾者，煽動社會大眾的情緒獲取掌聲，把道德倫理底線拋諸腦後，勢必引發政治危機。

事實上，不論是在英國還是香港，愈來愈多人不滿現時的政治趨勢。同時，也請各位思考，民主變為民粹，不能發揮正面作用，為市民謀求福利，這樣的民主不是走入死胡同嗎？

二〇二〇年四月二十六日及二十九日《明報》〈三言堂〉

支持《香港國家安全法》

就第十三屆全國人大三次會議審議人大常務委員會關於提請審議《全國人民代表大會關於建立健全香港特別行政區維護國家安全的法律制度和執行機制的決定（草案）》的議案，我在二〇二〇年五月二十二日中午，聯同其他建制派立法會議員，一起會見傳媒。

我向傳媒表示，香港目前在國家安全的法例方面，的確存在漏洞。雖然現存《刑事罪行條例》、《公安條例》及《官方機密條例》已包括叛國、煽動、竊取國家機密及間諜等罪行，但是對於分裂國家、顛覆、恐怖活動及外國滲透等，則欠缺法例處理，形成漏洞。因此，我理解國家認為需要立法填補空隙，並大力支持《草案》。

根據《草案》，香港特別行政區需建立維護國家安全的法律制度及執行機制。正如廖長江議員所指，維護國家安全可以兩條腿走路。一方面，香港特別行政區要履行《基本法》廿三條自行立法的憲制責任；另一方面，當香港特別行政區未能完成責任，國家當然有責任為全國，包括香港，建立健全的法律制度來保護國家安全。《中華人民共和國憲法》第三十一條、第六十二條等多條條文均說明國家有權於香港實施相關法例。

同時，《草案》不忘提醒，「維護國家主權、統一和領土完整是香港特別行政區的憲制責任。香港特別行政區應當盡早完成香港特別行政區《基本法》規定的維護國家安全立法……有效防範、制止和懲治危害國家安全的行為。」（第三條），第五條則列明「行政長官應當……依法禁止危害國家安全的行為等情況，定期向中央人民政府提交報告。」說明這是香港不可推卸的責任。

此外，有傳媒問及，股市波動是否反映《草案》對香港有負面影響？我認為不能以股市短期波動解讀或判斷香港實體經濟的長期發展。眾所周知，全球股市都經常有波動，有升有跌，若以此短期數據解讀全貌，未免太片面。相反，我認同其他建制派議員所說，若香港不恢復社會秩序及安寧、不保障國家安全，經濟將陷倒退，土地房屋等民生問題將難以解決，前景堪虞。

二〇二〇年五月二十二日 facebook

再談《港區國安法》

全國人大三次會議審議通過《港區國安法》，主要針對四類行為，包括顛覆國家政權、分裂國家、恐怖活動，以及外部勢力干預，隨即引起香港社會甚至是全球熱議。

我就此接受《深圳衞視》訪問，分享我對《港區國安法》及廿三條立法的看法。

我認為主權國家制定國家安全法是理所當然，正如美國近年亦不斷就增強國家安全立法。香港作為「一國兩制」下的特別行政區，如果成為國家最弱的一環，影響國家安全，「一國兩制」便難以行穩致遠。由反修例風波引發的社會動盪，暴力程度近年罕見，政治化意圖甚為明顯，就是美國要利用香港作為棋子，不斷干預我國內部事務。

香港本身有憲制責任就廿三條自行立法，禁止七項危害國家安全的罪項。但問題在於二十多年來特區政府一直沒有實踐這個憲制責任。過去一年我們看到很多顛覆政府的行為。立法會失守、反對派佔領立法會；警署和法院被扔汽油彈，立法及司法兩個重要支柱都受到攻擊，這些都是顛覆政府的行為。可是香港目前沒有顛覆罪這條罪行。此外市民大眾也能看到很多分裂國家的行為，以及很多分離活動，例如有人揮舞外國國旗，叫喊所謂「時代革命」的口號，這些都具有強烈的分離國家的色彩，目前也沒有法例可以處理。

其實《基本法》內有很多關於人權的保障。譬如《基本法》第三十九條就說明了兩條重要的人權公約《公民權利和政治權利公約》及《社會、經濟、文化權利公約》會繼續在香港實施，其他法例不可以違反《基本法》第三十九條。我們立法的時候一定要考慮罪行的界定和法則，是否合乎比例。根據普通法的原則，我有信心香港可以立一條既能維護國家安全、又不會影響一般市民人權自由的《港區國安法》。

二〇二〇年五月二十三日 facebook

我對法工委就《港區國安法》說明的看法

全國人大法工委在二〇二〇年六月十八日向第十三屆全國人大常委會第十九次會議發表了有關《港區國安法》的「說明」。我在立法會會見傳媒，表達我的看法。

是次「說明」，明確顯示中央政府要行使國家主權，為香港立法，保護國家安全，填補香港在相關法例上的漏洞；同時，會盡量兼顧兩制的差異，盡可能採用普通法的原則。

香港將會成立一個維護國家安全的決策機構，其主席將會是行政長官，並設有國家安全顧問。其實回歸前港英政府也設有總督安全委員會，回歸後也有行政長官安全委員會。回歸前，港英政府沒能力處理的事情，例如外交或對中國事務，英國政府也是派外交官或政治顧問來指導港英政府工作的。所以日後中央政府國家安全顧問來指導特區政府工作，無可厚非。

「說明」指出，在執法層面方面，無論執法、檢控，特區政府都會成立專責部門來處理，換句話説，即絕大部份的執法工作都將由特區處理。

司法管轄權方面，「説明」也清楚指出，香港特別行政區對絕大多數犯罪案件行使管轄權，中央政府只會極克制及在特定情況下，行使管轄權；將極大程度保障香港人的人權。

根據《基本法》第八十八條，特區法院的法官是由行政長官委任。第九十條則指終審法院的法官及高等法院首席法官的任命及免職，須由行政長官徵得立法會同意，報備全國人大常委會。因此，我相信在指定法官方面，將來行政長官會徵詢律政司及首席法官的意見。另外，香港早在二〇〇九年已有法庭裁決，就是蔣麗莉司法覆核案，當時她被檢控的罪行，可判十四年，當時律政司指定在區域法院審理，即是以不超過七年的判刑來審理。當時馬道立法官講明，律政司有權決定在哪個法庭審理甚麼案件。

總括而言，我認為是次立法不會影響《基本法》及「一國兩制」。我期望立法後，香港社會能早日回復秩序和安定，經濟及民生能重新發展。

二〇二〇年六月二十二日 facebook

國安法兵貴神速　磨合需時勿過慮

所謂兵貴神速，《港區國安法》的立法進程清楚體現這點。

自二〇二〇年五月二十二日全國人大常委會副委員長王晨在第十三屆全國人大三次會議上簡介《港區國安法》，指明「必須從國家層面建立健全香港特別行政區維護國家安全的法律制度和執行機制，改變國家安全領域長期不設防狀況」；五月二十八日人大會議隨即通過相關「決定」；六月二十八日人大常委會進行了《草案》初審；兩日後在六月三十日的人大常委會會議上進行表決並全票通過；當晚十一時起在香港特別行政區公佈實施；期間只花了四十天，香港便從未能為廿三條自行立法的狀態，進階至立了《港區國安法》，並且設立了維護國家安全公署、維護國家安全委員會、警務處維護國家安全部門及律政司國家安全犯罪案件檢控部門等等，簡直快如閃電。

西方輿論預計內　華不怕制裁

執筆時，《港區國安法》只實施了五天，論實際效果，言之尚早。但這個多月來四方八面的反應，則可謂在意料之內。

首先，西方傳媒的典型輿論，大多指香港失去自治、「一國兩制」已死云云，這與二〇〇三年我推動廿三條時的情形大同小異，總之談及為維護國家安全立法，就是惡法，分別是當年的廿三條條文剝了大牙、相對溫和，連民主黨創黨主席李柱銘也表示「如果能完全確保廿三條立法後不傷害人權自由，相信連民主黨亦會支持立法」，真是早知今日，何必當初。

第二，美國國會先後通過了《香港人權及民主法案》（Hong Kong Human Rights and Democracy Act）及《香港自治法》（Hong Kong Autonomy Act），對中國及香港實施制裁，包括對美國認為削弱香港自治的中國官員實施簽證限制、撤銷香港在貿易政策的特殊地位、禁止出口軍民兩用技術到香港等等。

對於西方社會這些反應，想必在中央政府預計之內。中國作為世界第二大經濟體，自然不怕制裁，亦陸續推出反制措施，包括對在涉港問題上表現惡劣的美方人員實施簽證限制。中央政府因為香港而承受巨大的國際壓力，依然果斷推進《港區國安法》，反映香港局勢之嚴峻。

英拋偽善救生艇　違中英聯合聲明

第三，英國拋出救生艇，聲稱放寬 BNO 持證人的入境待遇。但是，所謂的「5+1」方案，其實跟目前的入境政策差異不大，即是英國對 BNO 持證人提供五年「有效居留許可」，住滿五年後取消居留限制（remove all conditions of stay），可申請居留身份（settled status），再居住一年後才可申請入籍。我多次公開強調，這是英國口惠而實不致的虛偽伎倆，BNO 持證人在留英期間不能申請福利或津貼，不論工作或讀書，要確保自己有足夠經濟能力維持生計才可。

當年香港回歸中國後，英國通過國籍法（British Overseas Territories Act 2002），對其餘下的十二個屬土及殖民地（例如英屬處女島及百慕達）的公民直接發出英國護照，沒有居留要求。這和今天口口聲聲放寬 BNO 限制的做法，有天壤之別。可見不論當年今日，英國政府對港人都相當偽善。

而根據《中英聯合聲明》的英方備忘錄，港人在一九九七年七月一日起不再是英國屬土公民，雖然可繼續使用英國政府簽署的護照，即 BNO，但是不會賦予居留權。而中方備忘錄則說明根據《中華人民共和國國籍法》，所有港人都是中國公民，而 BNO 則是旅行證件。即是說，若英國賦予 BNO 持證人居留權，反而是違反了《中英聯合聲明》英方備忘錄的承諾。

移民潮去又來　公署人員非無王管

第四，有人以查詢移民個案大增作為港人恐懼《港區國安法》的指標，我不苟同。回望歷史，香港經歷過數次信心危機及移民潮，包括六十年代暴動後、八十年代中英談判、九十年代六四事件後，每一波都有人移民，每一波都有回流潮，皆因港人遠赴他國後，會發現最適合他們的家，始終是香港，這個人工高、福利好、公共衛生做到足的好地方。

這次也一樣，我相信查詢移民就像股市波幅一樣，數字有升有跌，長遠而言，絕大部份港人會繼續努力，貢獻香港。

除了上述初期反應，《港區國安法》能否有效執行落實，還需了解條文內容，特別是有凌駕性的條文。

例如第十四條指「香港特別行政區維護國家安全委員會的工作不受香港特別行政區任何其他機構、組織和個人的干涉，工作信息不予公開。香港特別行政區維護國家安全委員會作出的決定不受司法覆核」。

香港事事公開透明，部門要向立法會交代，司法覆核更是普遍，第十四條便顯得與香港的慣常做法不同。不過，若理解外國很多涉及國家安全的工作，都是不公開地秘密進行，如英國國籍法中也有些國家行為（以往稱為「皇家特權 Royal Prerogative」），不接受司法覆核，便會明白第十四條的意義，國家行為是有若干豁免。

又例如第五十條指「駐香港特別行政區維護國家安全公署應當嚴格依法履行職責，依法接受監督……公署人員除須遵守全國性法律外，還應當遵守香港特別行政區法律。」

但是第六十條又說「……公署及其人員依據本法執行職務的行為，不受香港特別行政區管轄。」條文是否矛盾？公署人員究竟是受管還是無王管？

我認為條文沒矛盾，因為第五十五條列出了特殊情況，「（一）案件涉及外國或者境外勢力介入的複雜情況，香港特別行政區管轄確有困難的；（二）出現香港特別行政區政府無法有效執行本法的嚴重情況的；（三）出現國家安全面臨重大現實威脅的情況的。」

在上述情況下，「駐香港特別行政區維護國家安全公署對本法規定的危害國家安全犯罪案件行使管轄權」，屆時公署人員執行職務便「不受香港特別行政區管轄」了。

公開透明　未虞濫用第五十五條

有傳媒問我第五十五條會否遭濫用，在執法及檢控等各方面的透明度是否足夠。我認為大家不必過慮。首先，香港本身已是非常公開、透明度超高的社會，本地及外地傳媒、各類非政府組織及人權組織時刻盯着，濫用條文的話必會受到監察及批評。

此外，我相信中央政府心中有數，若頻密動用第五十五條「對案件行使管轄權」，會打擊港人及外商的信心，故必會謹慎小心，緊貼條文做事，濫用第五十五條的機會不大。

第四十四條「行政長官……指定若干名法官……負責處理危害國家安全犯罪案件」也引起爭議，包括由行政長官委任法官是衝擊司法制度、選擇法官的標準等等。

終審法院首席法官馬道立於二〇二〇年七月二日發表聲明，澄清了疑慮：「指定法官只能包括根據《基本法》的規定而任命的法官。故此，所有指定法官將來自司法機構的現任法官。這已在國家安全法第四十四條訂明。按照《基本法》第八十八條而任命的法官，都是根據由終審法院首席法官擔任主席的司法人員推薦委員會的推薦，由行政長官作出任命。這個安排在香港一直沿用已久。」

立法需適應　港司法制度仍完整

「法官的任命必須根據其本人的司法及專業才能。這是任命法官時須考慮的唯一準則。擁有外國國籍的法官並不排除在指定法官之外。他們是根據《基本法》明確允許而獲任命在香港出任法官。」

可見香港的司法制度仍然完整，市民不必過慮，也不必散播無謂恐慌。

最後，我認為《港區國安法》和「一國兩制」一樣，都是應對當時局勢的嶄新做法。「一國兩制」的精髓在於兩套制度的磨合、適應與互補，如今《港區國安法》也需要和普通法原則磨合、適應，才能有效實施。

二〇二〇年七月七日《經濟日報》

美國制裁香港　理據匪夷所思

這陣子，除了新冠肺炎疫情的確診個案每天攀新高，另一宗與香港息息相關的事情，就是美國總統特朗普於二〇二〇年七月十四日簽署「行政命令」（The President's Executive Order on Hong Kong Normalization），根據《美國—香港政策法一九九二》（US-HK Policy Act of 1992）、《香港人權及民主法案二〇一九》（Hong Kong Human Rights and Democracy Act of 2019）、《香港自治法二〇二〇》（Hong Kong Autonomy Act of 2020）、《國際緊急經濟權力法》（International Emergency Economic Powers Act）、《國家緊急法》（National Emergencies Act）以及《移民及國籍法一九五二》（Immigration and Nationality Act of 1952）等多條美國法例，向香港實施制裁。

我已多次公開抗議及譴責，美國扭曲香港作為中國特別行政區的憲制事實，簡直把香港視為美國殖民地，粗暴干涉香港內部事務，做法橫蠻無理。

針對執行《港區國安法》的人

「行政命令」共有十五條條款，涵蓋的範圍非常廣泛。我認為當中最匪夷所思的，是針對《港區國安法》的第四條（Sec. 4）。

第四條（a）（i）針對參與以及落實《港區國安法》的人士及機構，包括制定、通過或實施《港區國安法》，並在該條例授權下，直接或間接地參與、脅迫、逮捕、拘留或監禁被捕人士的人。

第四條（a）（ii）（A）針對直接或間接破壞香港民主進程的人。

第四條（a）（ii）（B）針對直接或間接威脅香港和平、安全、穩定或自治的人。

第四條（a）（ii）（C）針對直接或間接禁止、限制或懲罰港人行使言論自由、集會自由、新聞自由的人。

第四條（a）（iii）則指條文包括現任及已離職的官員或人士。

我認為上述條文羅列的範圍闊得離譜，不單針對特區政府的高層官員，而是包括所有有份執行《港區國安法》的人員，例如選舉主任、前線警員，甚至懲教人員，或者負責運送相關囚犯的司機，實在荒謬至極。

再者，香港並非美國屬土，我們的民主進程根據《基本法》發展，關美國甚麼事？若道要制裁威脅香港和平、安全的人，我認為首要懲罰行使暴力的黑衣人才是。

可見當美方指控《港區國安法》字眼模糊涉及範圍廣泛的時候，上述條文反映美方霸道又雙標，諷刺之極。

美國在香港進行甚麼圖謀

特朗普在「行政命令」的前言指，香港實施《港區國安法》，對美國國家安全、外交、經濟，構成不尋常及突出的威脅（unusual and extraordinary threat），構成對美國的緊急危機（national emergency）。

我讀到這一段頓覺啼笑皆非，「唔知好嬲定好笑」，因為指控非常荒謬。香港這個小小島嶼，何德何能，只是通過一條法例，就能對美國構成國家級的國安危機？究竟是美國抬舉了香港？抑或是美國正在香港暗中進行甚麼圖謀？

反過來說，美國對《港區國安法》如此大反應，是要自揭底牌，暴露狐狸尾巴，告訴全世界，香港是其情報及政治活動中心嗎？

《港區國安法》破壞美國滲透工作

一直以來，有很多美國國會撥款資助的非政府機構、半政府機構、國際組織、人道組織等等，長時期活躍於香港工作，宣揚所謂人權民主自由的意識，鼓勵年輕人爭取香港民主自決、甚至獨立，各類滲透工作一直存在。

根據報道，國家民主基金會（National Endowment for Democracy，NED）的公開報告列出，二〇一六年至二〇一九年間，美國最少撥款二百四十萬美元予多個活躍於香港的組織，以支援在港的民主人權運動。但是《港區國安法》羅列的「勾結外國或者境外勢力危害國家安全罪」正好踩中美國的狐狸尾巴，將來美國在港的活動範圍定必大打折扣，難怪反應這麼大。

美國在港取得各種便利

作為回歸前已在港英政府工作的官員，我自然理解，其實自第二次世界大戰後，英國國力日衰，因此視美國為馬首是瞻。例如當年美國發動伊拉克戰爭，英國首相貝理雅力排眾議，追隨小布殊，派英軍去伊拉克南部作戰，結果傷亡慘重。後來英國獨立委員會發表伊拉克戰爭調查報告（Chilcot Report），指入侵伊拉克缺乏法理，戰爭毫無必要，貝理雅只是跟着美國的笛子起舞。

因為英美關係密切，在港英年代，港英政府經常對美國提供便利。例如美國第七艦隊藍嶺號（USS Blue Ridge LCC-19）便喜歡聖誕節來港休整。艦長告訴我，他們喜歡來香港，因為香港是個安全、購物方便的港口。因此，回歸前中英聯絡小組商談的一個議題便是軍艦訪港，英方受美國託付，要求回歸後中方及特區政府同樣給予美國戰艦訪港便利。

由此可見，美國在香港回歸前，藉由英美的密切關係，在香港取得各種便利，展開了各種各樣的活動，包括滲透、收集情報、監察中國等等，但是《港區國安法》的實施將大斬其手腳，美國急不及待要制裁香港，原因不言而喻。

二〇二〇年七月二十日《經濟通》

美國制裁香港官員的影響

二〇二〇年八月九日，我接受了商台節目《在晴朗的一天出發》的訪問，和兩位主持人討論美國政府制裁中央及特區政府十一位官員的影響。

首先，針對官員的制裁措施包括不發簽證及凍結其在美資產。正如我一再向傳媒表示，名單上七位特區政府官員均表示在美國沒有資產，也不是特別嚮往去美國，所以實質影響不大。林太在美求學的兒子的簽證可能受影響，不過傳媒報道他已離開美國，大抵林太已有安排。

凍結資產方面，名單上看來，若鄭若驊司長與丈夫共同持有在美生意的話，便可能有影響了。

主持人問我如何處理在美資產？我在美國沒有不動產，至於美股投資等等，我會全部變賣，以無後顧之憂。

第二，美國公開受制裁官員的個人資料（即使個別資料有誤，反映美方做事粗疏），引發了私隱爭議，官員亦感憤怒。事實上，即使聯合國在公佈制裁名單時也會公開受制裁人士的個人資料，以茲識別及方便跟進。不過，制裁本身就是侵犯私隱及踐踏尊嚴的做法，官員憤怒可想而知。所以，制裁對象應是真正的恐怖分子或嚴重侵犯人權的人士。

如今可見美國其實是濫用制裁這手段。我有瀏覽美國財政部的相關網頁（Specially Designated Nationals And Blocked Persons List（SDN）Human Readable Lists），發現制裁名單竟長達一千四百頁！涉及的制裁計劃、國家地區及名單多不勝數，而且頻密地添加人選，可見美國自恃超級大國，愈來愈霸道。

第三，金管局表示不會執行相關制裁，不會對被制裁人士及其交易對象採取任何措施。我認為合法合理。因為香港只執行聯合國安理會通過的制裁，個別國家的單方面制裁要求，在港沒有法律效力。不過，香港的銀行要合規，特別是有美國及國際業務的銀行，他們要自行考量是否執行制裁，例如凍結或結束受制裁人士的美元戶口，以免自己的美國業務受影響。

值得留意的是，美國至今並未推出真正影響香港國際金融中心地位的重手措施，我相信是要顧及美國在港的龐大利益，例如很多中國科企會在香港上市，美國投行生意源源不絕，而且對於美國的銀行來說，亞洲是最高增長的地區，在商言商又怎會放棄香港及大中華市場。

最後，美國的霸道作風其實已隱隱掀起暗湧。好些國家為了長遠地迴避環球銀行金融電訊協會（SWIFT）、國際通用的美元結算系統，正陸續建構不受美元影響的貨幣結算系統，中國亦迅速發展數碼貨幣來抗衡。長遠而言，美國將因其霸道而促進制度崩潰，自食其果。

二〇二〇年八月九日 facebook

中美過招　港處夾縫

中美角力持續升溫，香港在當中的角色愈來愈「吃重」。繼美國於二〇一九年十一月二十七日通過《香港人權及民主法案二〇一九》（Hong Kong Human Rights and Democracy Act of 2019）後，中美雙方頻密過招。中央政府為香港立下《港區國安法》並於二〇二〇年六月三十日在港實施，美國總統特朗普便於七月十四日簽署《香港自治法二〇二〇》（Hong Kong Autonomy Act of 2020）及「行政命令」（The President's Executive Order on Hong Kong Normalization），取消香港的特別待遇，法案一條比一條辣。

特區政府於七月三十一日宣佈因為疫情嚴峻押後立法會選舉至少一年，美國政府隨即於八月七日祭出制裁名單，宣佈制裁中央及特區政府十一位官員。中央政府毫不示弱，外交部於三日後的八月十日公佈反制裁美方十一位在港問題上表現惡劣的參眾議員及非政府組織負責人。最新一招是美方於八月十一日宣佈禁止香港出產的產品標記「香港製造」（Made in Hong Kong），而要改為「中國製造」（Made in China）。中美雙方拳來腳往，香港夾在中間，有苦自知。

針對執行《港區國安法》的官員

由泛民及港獨人士不斷游說美國制裁香港並提交制裁人選開始，這張制裁名單一直是各方焦點。傳媒隔三岔五便問我「怕不怕被制裁」，我也答到麻木。最後令人詫異的是，榜上有名的十一位官員中，竟然有七位港官，人數比遭制裁的新疆官員更多，令人側目。

會出現這個情況，除了泛民人士積極提交名單「功不可沒」外，我相信香港透明度高，美方較易掌握官員的職位及負責事務也是原因之一。再者，名單明顯是針對負責執行《港區國安法》的官員，於是連國安委秘書長陳國基也上榜。

制裁官員影響輕微

上述制裁的最直接影響，就是官員不會獲發美國簽證及在美資產將遭凍結。簽證限制包括受制裁人士的配偶及任何年齡的子女，林太在美求學的兒子的簽證可能受影響，不過傳媒報道他已離開美國，大抵林太早有安排。至於其他官員有沒有子女在美求學則不得而知。一直以來，長春藤大學都非常保護學生，希望今回大學也以珍惜人才為原則，不要輕易取消相關學生的學籍及簽證。

資產方面，相關官員已先後表示在美國沒有資產，也不是特別嚮往去美國；鄭若驊司長與丈夫共同持有的公司已出售美國資產，所以實質影響不大。中聯辦主任駱惠寧表示自己在國外沒有一分錢資產外，更說「可以給美國總統特朗普寄一百美元，以供其凍結之用」，幽其一默，可圈可點。

連鎖影響則和銀行業息息相關。根據《基本法》，香港只執行聯合國安理會通過的制裁，個別國家的單方面制裁要求，在港沒有法律效力。金管局亦已表示不會執行上述制裁，不會對被制裁人士及其交易對象採取任何措施。不過，香港的銀行要合規，特別是有美國及國際業務的銀行，他們要自行考量是否執行制裁，例如凍結或結束受制裁人士的美元戶口，以免自己的美國業務受影響。

禁示「香港製造」違反世貿規定

美國的最新花招是禁止香港產品標示「香港製造」（Made in Hong Kong），而要改為「中國製造」（Made in China），其實已違反世貿規定。世貿設有產地來源委員會（Technical Committee on Rules of Origin），對於產品以甚麼原則來決定其產地來源有嚴格規定。特區政府將向世貿投訴，我十分支持。

至於其他制裁措施，例如取消香港的特別待遇，取消戰略物品出口的許可豁免等等，我認為實際影響輕微，但是美國不斷搞這些政治動作，製造不穩定氣氛，會令香港的國際形象受損。

值得留意的是，美國至今並未推出真正影響香港國際金融中心地位的大辣手段，我相信是要顧及美國在港的龐大利益，例如很多中國科企會在香港上市，美國投行生意源源不絕，而且對於美國的銀行來說，亞洲是最高增長的地區，在商言商難以放棄香港及大中華市場。

中國對等反制

中央政府說反制就反制，隨即反制裁美方十一位議員、非政府組織及智庫負責人，態度清晰，毫不含糊。不過，我認為對他們而言，制裁的影響也很輕微，皆因他們並非走訪中國或香港的常客，估計在中國或香港也沒甚麼資產，平日打中國牌均是出口術為主。即使智庫負責人需要四出考察交流，但是在新冠肺炎疫情下大家都改變了工作模式，視像交流更加方便。

由此可見，目前中美使出的招數仍然謹慎，雙方均小心翼翼，你一局我一局的打「因住波」。至於未來會怎樣發展，我認為視乎以下變數。

未來發展四大變數

首先，美國總統大選逼近，美國疫情失控影響特朗普連任機會。為了連任，特朗普狂打中國牌，不論是抗疫、科技發展、美國人職位流失等等，一於「甩鍋」給中國，以求轉移視線。美國大選變數甚多，例如郵寄選票容易作弊、郵政部長被指有利益衝突，他甚至放話說資源所限，郵寄選票將有延誤。若選情急轉直下，特朗普急起來，不排除會對中國及香港出狠招。

第二，雖然特朗普使勁「甩鍋」，但是中國其實有遵守第一期貿易協議購買美國農作物，可算交足功課。但是疫情嚴重衝擊美國經濟，美國出現空前失業潮，並且陷入經濟衰退，今年第二季度美國經濟按年率計算萎縮百分之三十。美國部份產品對中國市場有依賴，因此美國出招有顧慮。

第三，《港區國安法》實施了個多月，被視為美國頭馬的黎智英及在日本深受歡迎的周庭被捕。我相信美國在觀察《港區國安法》的執行情況，特別是會否動用第五十五條，把被捕人士移到國內受審。若真的動用第五十五條，將給予美國大動干戈的藉口。

第四，人大常委會於八月十一日全票通過《香港第六屆立法會繼續運作》議案，決定「第六屆立法會議員全體續任不少於一年」，議員不用再宣誓，也沒有DQ問題，大家可以齊齊「上車」。中央政府高招釋出善意，同時把DQ變成偽議題，美國失去發難的理由。

讓香港浴火重生

因此，我認為美國短期內再出大招的可能性較低，但是香港身處夾縫，相信仍會處於飽受霸凌的不安定環境下。我的最大期望，就是特區政府能盡快遏止疫情，把經濟損害減至最低，立法會和建制派議員多合作，當施政暢順，便可推動改革，刺激經濟，並着手處理社會上的深層次問題，讓香港浴火重生。

二〇二〇年八月十七日《經濟通》

留任還是杯葛　泛民何去何從

「二〇二〇年九月三十日後，香港特別行政區第六屆立法會繼續履行職責，不少於一年，直至香港特別行政區第七屆立法會任期開始為止。香港特別行政區第七屆立法會依法產生後，任期仍為四年。」

泛民亂作一團　「齊上齊落」不再

二〇二〇年八月十一日，人大常委會為特區政府宣佈立法會換屆選舉押後一年而衍生的真空期，作出上述「決定」。這個「決定」連標點只有八十六個字，簡單直接，即是現屆立法會議員，包括早前被選舉主任DQ了的四位議員，不分黨派，不用重新宣誓，全體延任。

中央政府伸出了橄欖枝，態度友善，泛民頓感頭痛，怎樣接招？是留任還是杯葛？怎樣才有個「說法」？陷入兩難。

「決定」一出，泛民主派各說各話，亂作一團，以前浩浩蕩蕩大聲疾呼「齊上齊落」，似乎一去不復返。

公民黨主席梁家傑首先發話認為民主派議員應留任，否則特區政府會「長驅直進、直搗黃龍」，任意通過「惡法」云云。

有傳媒採訪我的論文老師戴雅門教授（Larry Diamond），他認為泛民應該留在場內抗爭，用盡空間去反對和抵抗。（The better prospect is to stay in the arena and fight, to use all available space to oppose and resist.）（《眾新聞》二〇二〇年八月十七日）

熱血公民鄭松泰議員率先表態留任，指議員應承認議席的政治資源，並質疑若要杯葛，是否應該杯葛整個立法會選舉制度。

那邊廂，抗爭派朱凱廸議員主張集體杯葛，以示抗爭到底，甚至把來年立法會污名化為「臨立會 2.0」，姿態強硬。

八月十七日，民主派會議召集人陳淑莊議員發表聲明，指「民主派今日開會，傾向留守議會」。可是，人民力量陳志全議員卻隨即在自己面書表態說「我不是主留派」，表明反對留任。

來到八月二十日，「主留」的民主黨又說要做民調，以民意定去留。公民黨隨即表示願意跟隨民調結果作決定。執筆之時，香港民意研究所公佈了初步民調結果，指民主派支持者中有六成三人反對留任，支持留任的僅兩成。

民主黨胡志偉和林卓廷又指需要向市民作更多解說，甚至舉辦辯論，也會再定民調門檻，九月會再做民調，看看民意會否轉向云云。但在泛民新界東初選勝出的鄒家成則主張不論民調結果如何，民主派都應集體杯葛。

泛民反覆，精彩過連續劇，最後把責任推到「民調」、「民意」上，難免讓外界指他們龍門任搬。

不留任損失大　涉款逾三百萬

既然泛民拿不定主意，去留難定，我們大可分析一下，若泛民議員真的不留任第六屆立法會，他們有甚麼損失？

首先，財政上的損失不能小覷。每位立法會議員每月薪津十萬零一千元（雙料議員會扣三分一），一年即是一百二十一萬二千元；任滿酬金是總薪津的百分之十五，原先四年任期的任滿酬金是七十二萬七千二百元，延任一年的任滿酬金則有十八萬一千八百元；另外，還有醫療津貼每年三萬五千一百八十元、酬酢及交通開支每年二十二萬一千三百一十元，及實報實銷營運開支每年約二百七十七萬零九百七十元。

現在「決定」議員延任至少一年，任滿酬金是先結算首四年？還是待整個第六屆任滿後才一次過結算？需留待立法會行管會決定。不過，既然第六屆延任至少一年，我認為待任期屆滿後才一次過結算較為合理。

激進派極端抗爭　劍指下屆議席

若真是這樣計算，不留任的議員便會失去共九十萬零九千元任滿酬金，額外一年的薪津一百二十一萬零二千元、醫療酬酢營運開支津貼共三百零二萬七千四百六十元。

第二，《基本法》第七十九條（二）清楚列明，若立法會議員「未得到立法會主席的同意，連續三個月不出席會議而無合理解釋者」，「立法會主席宣告其喪失立法會議員的資格」。

由於延任「決定」不需要議員重新宣誓重新就職，若泛民議員不提理由而自行杯葛、缺席會議三個月，立法會主席便可將其ＤＱ。而若他們提出甚麼「臨立會 2.0」、「抗爭到底」等等的理由來請假，相信大主席也不會接受為合理辯解。即是說，他們缺席三個月後仍會被大主席ＤＱ，喪失議席。

第三，正如梁家傑等等「主留派」所說，若泛民議員在這時離開立法會，放棄議席，政治上等於放棄了作為代議士在議會內發聲、監察政府的責任，也喪失了拉布及見報的機會，或許會遭部份選民指摘。

不過，泛民中不同派別也有不同盤算。抗爭派、激進派、攬炒派支持者早就大鬧「主留派」議員「呼之則來，ＤＱ則去」，指他們無勇氣、無骨氣，侮辱選民。他們堅持走極端抗爭路線。

那麼，主張杯葛的議員，或許就是看準自己的票源就在激進這一塊，他們留下來反而會失去這些支持者，寧願利用來年繼續街頭抗爭，鞏固票源，目標自然是一舉拿下新一屆的議席了。

京伸橄欖枝　惟美虎視港續動盪

可是，我認為這個走向只會繼續激化社會矛盾，對議員來說也十分危險。若他們繼續激化抗爭，或者搞國際線等等，有機會觸犯《港區國安法》或者其他本地法例。

而留下來的泛民議員也不好過，在強大的抗爭壓力下，他們在議會內的表現也溫和不來，只會凡事反對、動口又動手，特區政府的議案難以順利通過。

這樣説來，即使今次中央政府伸出了橄欖枝，即使民調將為泛民提供「説法」，來年的立法會也不會平和，再加上美國虎視眈眈隨時會推出新一輪制裁，香港仍會持續動盪。

二〇二〇年八月二十五日《經濟日報》

辭職生效前泛民議員會否失蹤？

全國人大常委會就立法會議員資格問題作出「決定」，特區政府根據「決定」宣佈四位立法會議員喪失資格，其餘十五名泛民議員宣佈總辭。

今天（二〇二〇年十一月十二日）是泛民議員宣佈總辭後首個立法會工作日，我們早上處理了兩條剩下的口頭質詢後，運輸及房屋局局長陳帆撤回《專營的士服務條例草案》。特區政府鑑於目前疫情影響以及低迷的經濟情況，不再推行優質的士計劃。之後，運房局局長亦以相同理由撤回《二〇一九年差餉（修訂）條例草案》及空置稅草案。

之後我們開始恢復二讀辯論，全體委員會審議及三讀《二〇一九年道路交通法例（泊車位）（修訂）條例草案》，草案由早上九時四十分開始辯論，直至下午一時四十分才完成三讀程序，期間一共有十八名議員發言，最終在三十七票贊成，鄭松泰議員一票反對下通過此條例草案。

由於多名泛民議員沒有出席，他們提出許多議案便沒有跟進。由李慧琼議員動議察悉由內務委員會通過的法例報告後，大會主席梁君彥便表示由於多名泛民議員的辭職日期尚未明確，於是便宣佈休會。

除了鄭松泰議員以及陳沛然醫生留任議會外，其餘泛民議員今天已沒有出現在議事廳，議會氣氛可說是截然不同。首先是氣氛比以往平靜許多，其次是再沒有點算法定人數的鐘聲，立法會議事程序因此暢順了很多。會後我聽見一些立法會職員表示，他們的心情輕鬆了，由於以往泛民議員經常拉布，他們的工時往往拖得很長，經常加班；其次是減少了與泛民議員發生肢體碰撞引致受傷的風險，一眾維持秩序的立法會保安職員壓力也相對減輕，終於可以鬆一口氣。

泛民議員總辭離開議會，將造成怎樣的財政損失？有傳媒報道指「若其辭職信即時生效，每人喪失十個半月的月薪已過百萬元，計及延任後的約滿酬金、辦事處營運開支、酬酢及交通開支，以及離任時結束辦事處的開支償還，料每人將損失四百五十八萬多元，十九人離任造成的財政損失，則高達逾八千七百零五萬元」。但此金額相信仍未計算議員辦事處僱員的離職賠償。

不少人以為一眾泛民議員會在早上闖入立法會議事廳，向立法會主席梁君彥遞交辭職信，卻為何要拖到下午才公佈消息呢？我相信是因為他們需要「計數」。除了許智峯議員及毛孟靜議員的辭職日期分別是今明兩天生效外，民主黨議員的辭職是十二月一日生效，相信是因為泛民議員需要考慮安置僱員（無論是立法會大樓職員抑或地區辦事處職員），正如傳媒報道所說，相信加起來超過一百人。

幾經細想，我明白他們為何選擇辭職生效日期為十二月一日。首先很大原因是給予僱員通知期，假如不給予通知期的話，便需要賠償代通知金，特別是民主黨僱用職員甚多，開支比其他獨立議員更大，因此辭職日期要押後至十二月一日才生效。

這令我憶起二〇〇三年七月，任職保安局局長的我向行政長官董建華先生辭職的情況。當時我遞交辭職信的日期是六月二十五日，通知特區政府後，上班整整一個月直至七月二十五日才離職。

如今這些總辭泛民議員辭職日期於十二月一日生效，很明顯他們的算盤就是議員及議助們的薪酬同樣發放至十一月底。如此一來問題便來了：由明天（二〇二〇年十一月十三日）起到十二月一日期間，仍有超過半個月時間，究竟泛民議員會不會上班？他們會否厚面皮地乾脆消失於立法會而白支薪？

從電視畫面可見，泛民議員辭職時慷慨激昂，發表一番豪情壯語，但始終生活是現實，即使他們自己不計較薪酬，也要考慮並顧及跟隨自己的僱員。現時立法會每天會議日程編排緊密，許多條例草案以及政府開支建議需要審批，泛民議員是否真的這麼厚面皮，通知大會主席辭職後就不回來上班呢？

二〇二〇年十一月十二日 facebook

探討立法會新秩序

感謝文灼非先生的邀請，我應邀出席「灼見名家週年論壇暨六週年慶典」，大會主題是「後疫情時代世界新秩序」，我則和前立法會主席曾鈺成先生探討立法會新秩序。

眾所周知，自從特區政府於二〇二〇年十一月十一日，因應人大常委會就立法會議員資格問題作出「決定」，取消了四位立法會議員的資格，引發另外十五名泛名議員總辭。目前立法會有建制派議員三十九人，非建制派議員二人，但是大會法定人數是三十五人，一不小心就有流會機會，因此，我們每位議員都要比以往更加努力勤力才可。

所謂「成也建制，敗也建制」，我認為建制派不必刻意去反對，但也不能成為橡皮圖章，今後必須更嚴謹有力地監察政府，所說的不是為反而反，而是要更有效率地、更具視野地，提高議事水平，讓議會重見昔日和平理性的高質素辯論。這些既是舊貌，更是今後立法會的新秩序。

例如今天（二〇二〇年十一月二十日）早上的交通事務委員會會議，路政署竟然要求開設六個首長級職位！在疫情當前市民水深火熱下，路政署竟然還要增設這些「升級位」？我認為極不合理，因此投下反對票。

此外，文灼非先生及曾鈺成前主席都提及政治人才的培養問題。我同意曾前主席所指，愛國是治港人才的先決條件，但除此之外，掌握分析政策的能力、溝通能力、管理能力也十分重要，甚至要「面皮夠厚」情商夠高呢。而為了提升黨內年輕人的質素，我們舉辦了「新民黨大課堂」，除了我和常務副主席黎棟國主講，還邀請各界別的專家、學者來講課，為政壇發展添上力量。

二〇二〇年十一月二十日 facebook

「洋法官」判港府贏官司

《港區國安法》推出前後，不少人質疑外籍法官是否適合審理觸及《港區國安法》的案件。對於這個問題，憑我多年閱讀判詞的經驗，法官的裁決是否公平公正，關鍵是其專業水準，與其國籍無關。

以一宗關於中學文憑試考題的司法覆核案為例，「洋法官」高浩文（Russell Coleman）裁決政府及考評局勝訴（HCAL1087/2020）。回顧事件，先是二〇二〇年五月十四日DSE歷史科舉行考試後，外交部駐香港特派員公署就一道試題「一九〇〇年至一九四五年間，日本為中國帶來的利多於弊」在社交媒體上發文轉述教聯會聲明，「質疑考評局人員的政治立場影響了試題的設置」。特區政府隨即於五月十四日公開表示該考題「嚴重傷害了在日本侵華戰爭中受到莫大苦難的國民的感情和尊嚴」，並於十五日要求考評局刪除考題。考評局在二十二日發表新聞稿決定取消該考題，並於二十五日的立法會教育事務委員會上指初步閱卷後有百分之三十八考生的作答結論為「利多於弊」。

六月三日，考生 Loh Ming Yin 向法院申請司法覆核，指考評局越過既定程序刪除該考題，屬「公共機構行事不合理」（Wednesbury unreasonable），希望法庭撤銷考評局的違法決定。

高浩文法官頒下長達一百五十多頁的判詞，以專業的法律理據判考評局及特區政府做法合乎完整、公平、公正的程序，並逐項駁回 Loh Ming Yin 代表律師的論點。值得留意的是，高浩文法官提到，當審判這宗案件時，法庭不會評論刪除考題的決定有否學術價值。因此，縱然判詞中高浩文法官不認同特區政府的處事方式，但並沒有因其個人觀點左右裁決。我細閱高浩文法官的判詞後，獲益良多。他回應 Loh Ming Yin 一方提出的 IGCSE 考題「Most people in Germany benefited from Nazi rule」時表示，他對考核利弊的試題設置無強烈意見。

高官認為，這道考題旨在考驗學生是否擁有高階思維，以及測試其明辨性思考和分析資料的能力。表現良好的考生理應可指出資料內容不足，持平作答。

他提到：「The form of the Question seeks to promote an ability or skill... sadly lacking in wider society. This lack is not just a Hong Kong phenomenon, though it has been rather evident... in recent times.」

他又感慨現時一些港人既不願意細緻思考事情，又不包容他人的意見：

「In their rush to extremities of view, many people seem to have lost the ability (or perhaps the willingness) to see... any middle ground, or to understand any nuance... people simply exist in their own 'echo chambers'... preference for pithy slogans often simply masks the complexities of many issues. Trenchant shouting and stunts have replaced informed debate. Tolerance of the views of others, let alone a willingness to seek to understand and engage with them... is on the wane.」

高官指在法律層面上，考評局沒有違法。不少人或因政府官員發表的公開聲明，以為特區政府刻意向考評局施壓取消考題。然而，這個結論並沒有證據支持。相反，取消考題的決定是經由專家討論，並在考評局會議上以大比數通過。各種證據顯示過程合乎既定程序。

由此可見，只要法官夠資深，對法律理解透徹，不論其國籍都能恪守法庭中立客觀、法理至上的理念，足以捍衛法治精神。

二〇二〇年七月十六日及十九日《明報》〈三言堂〉

謾罵法官　不利「一國兩制」發展

隨着法庭對反修例相關案件陸續作出裁決，社會上對法庭甚至法官的批評愈來愈多，愈批愈狠，甚至有人謾罵法官，更有建制派議員提倡成立量刑委員會，我認為是不必要的，而且對「一國兩制」的穩定發展並無好處。

的而且確，反修例抗爭撕裂社會，市民因為政見走向兩極，對相關案件的裁決特別關注，當中有些裁判官的言論或裁決惹起爭議，包括：

將軍澳「連儂牆」行人隧道斬人案，區域法院法官郭偉健指被告自首「情操高尚」，並且在裁決時大肆批評反修例運動，社會譁然，黃營狠批。

東區裁判法院裁判官何俊堯審理區議員仇栩欣襲警案時，批評作供警員「大話冚大話」，裁定仇栩欣罪名不成立；他在審理另一宗十七歲男學生藏有噴漆及鐳射筆的案件時，同樣質疑警員口供可靠性，裁定男學生罪名不成立。何官遭建制派議員投訴「多次放生暴力分子」。

黎智英刑事恐嚇記者一案，西九龍法院裁判官鍾明新認為，黎智英是一時衝動、衝口而出，裁定其罪名不成立，被藍營指摘「放生黎智英」。

鍾官審理另一宗襲警案時，指涉事警員非誠實可靠的證人，裁定被告譚皓宇罪名不成立。

十五歲少年在元朗投擲汽油彈被捕，屯門裁判法院少年法庭判處十八個月感化，以及入住青年院舍九個月，被指刑罰過輕，律政司向上訴庭申請覆核刑期。

十六歲女學生在天水圍遭搜出白電油、消毒藥水及乙醇等汽油彈原料，裁判官水佳麗判其十二個月感化令，同樣被指判刑過輕，律政司向上訴庭申請覆核刑期。

裁決惹爭議　應制度內解決

數列這些案件，並非要評論法官裁決對或錯，而是要指出上述案件的主要共通點，或是判決被告罪名不成立，或是被指刑罰過輕。而這兩種情況，即使引起爭議，均應該及可以在司法制度內尋求解決，絕非叫叫嚷嚷、對法官人身攻擊，或者以量刑委員會來解決。

時任終審法院首席法官馬道立，先後在二〇一九年一月十四日法律年度開啟典禮的演辭（下稱「演辭」），以及二〇二〇年九月二十三日的公開聲明（下稱「聲明」）中，明確表示對法庭和法官的惡言攻擊完全不能接受，同時闡述多項重要司法原則，我認為十分重要。

首先，公眾需明白，一般而言，若法庭判決被告罪名不成立，被告自然不會提出上訴，而「代表公眾利益進行檢控的律政司司長，在法律下肩負對其認為錯誤的無罪裁決提出上訴或申請覆核的全部責任」（「聲明」第二十二段），指出原訟法庭有明顯的法律觀點錯誤或事實掌握錯誤，要求覆核決定。

第二，若控辯雙方質疑案件判刑過輕或過重，均可提出上訴，要求覆核刑期，交由上級法庭處理，尋求糾正，這是香港司法制度重要一環。而根據普通法原則，上級法庭可以為下級法庭訂立量刑指引，使同類案件的量刑準則趨向一致，而下級法庭必須跟從。

最明顯的例子，是二〇一四年「黃之鋒公民廣場案」（另外兩位被告是羅冠聰及周永康）。當時原訟庭指年輕人想法純真卻衝動，判處黃之鋒八十小時社會服務令。律政司向上訴庭申請覆核刑期，上訴庭指出，黃之鋒衝入公民廣場引發佔中，對社會造成嚴重後果，改判黃之鋒即時監禁六個月。

黃之鋒上訴至終審法院，終審庭指出，原訟庭判刑時未有上級法庭訂立的指引，原判決並無不妥。但是後來上訴庭的裁決指出，阻嚇性刑罰對於暴力或大規模非法集結案是必要的，認同即時監禁，等於為同類案件提出了新的量刑指令。不過，終審庭考慮到案發時黃之鋒未夠十八歲，撤銷即時監禁的判決，恢復原審的刑罰。

整理量刑指引　無須另設委員會

這案例正正反映香港司法系統有上訴機制，控辯雙方均可提出上訴，而上級法庭有為下級法庭訂出量刑指引。正如馬道立的「聲明」指出，「判刑是司法職能及程序的一部份」（第十七段），而上訴或覆核是糾正刑罰「唯一恰當的方法」（第十八段），加上普通法制度容許法庭累積案例，以及提出量刑指引，一直行之有效，我認為並不需要另設量刑委員會越俎代庖。

相對地，我認為司法機構應該適時整理及更新各類案件的量刑指引，終審法院首席法官應該積極督促法官跟隨指引量刑，減低同類案件的判刑差異，從而減低社會爭議。

斷章取義批評　損害司法信心

馬道立先在「演辭」中指出，「批評要來得有效、有建設性，就必須有理可據，而非基於誤解或錯誤的信息」，後在「聲明」（第三十一段）強調，「單憑純粹聲稱或斷章取義之事就批評法官及法院，均是錯誤的，也損害了公眾對司法的信心。此外，只因案件的結果不合自己心意，便作出偏頗或違反基本原則的嚴重指稱，這也是錯誤的。」我十分認同。

市民必須明白，法治是香港走到今天的基石，也是「一國兩制」的優勢。在二〇二〇年的世界法治指數排名中（The World Justice Project Rule of Law Index），香港全球排名第十六位、亞太地區中排名第五位，排名高於美國（第二十一位）及法國（第二十位）。

但若市民持續基於政治立場不滿判決，狠批法官，甚至對法庭施壓，長遠必然影響香港的法治水平，對「一國兩制」的發展不利。

二〇二〇年十月七日《經濟日報》

有上訴及覆核機制處理，更不需另立量刑委員會越俎代庖。

四招提升法庭效率　完善司法系統

我認為，即使市民對法院裁決有懷疑，也不應隨意狠批法庭或謾罵法官，司法體系裏有上訴及覆核機制處理，更不需另立量刑委員會越俎代庖。

獨立裁決精神　無關三權分立

時任終審法院首席法官馬道立在二〇一九年一月十四日法律年度開啟典禮的演辭（下稱「演辭」），以及二〇二〇年九月二十三日的公開聲明（下稱「聲明」）中，反覆強調香港法律制度的重大原則，我認為值得市民加倍留意，加深了解，減少不理性的批評。

一、《基本法》第八十五條列明，香港法院「獨立進行審判，不受任何干涉」，「法官行使司法權力，必須嚴格依據法律和法律原則裁定和處理案件……法院的職能並不包括裁斷政治爭論、倡議任何政治觀點、或根據任何主流媒體或公眾意見審理案件」（「聲明」

第六段）。這點非常重要，同時反映司法獨立其實與所謂「三權分立」無關，法庭需要的，是不受其他因素影響的獨立裁決。

近期值得讚賞的是英籍法官高浩文（Russell Coleman），他審理考評局取消二〇二〇年DSE歷史科試題的司法覆核案（HCAL 1087/2020），指出他認為試題本身並無不妥，亦認同特區政府主要官員及教育局高調譴責，有向考評局施壓之嫌。但是，他基於考評局是在專業研判及委員投票後決定取消試題，並無程序失當或不公，因此駁回司法覆核的申請。

高浩文法官體現了獨立裁決的精神，他撇除個人想法，不受政治或其他因素影響，純粹以法律原則作出獨立裁決。

二、《基本法》第一百零四條規定，各級法院法官就職時，必須宣誓擁護《基本法》，以及効忠香港特別行政區。而法官的獨立性反映於司法誓言（Judicial Oath），是每位法官作出的莊嚴和真誠的承諾。司法誓言要求法官「公正廉潔，以無懼、無偏、無私、無欺之精神，維護法制，主持正義，為香港特別行政區服務」，因此法官判案時必須大公無私、不偏不倚，「防範別人對其作出偏頗的指稱」（「聲明」第二十五段），「還要讓外界相信法官是不偏不倚的」（「聲明」第二十五段），否則會使人感到不公平或受屈，失去對司法制度的信心。

關於這點，我於立法會二讀辯論延長法官和司法人員退休年齡的條例草案時，發言引述十七世紀英國法學權威馬修黑爾爵士（Sir Matthew Hale）所指，法官必須保持中立，不應表達個人意見，這是司法界的金科玉律。

參與反修例聯署　影響司法觀感

可是，在二〇一九年，竟有高等法院法官李瀚良公開參加反對修訂《逃犯條例》的聯署聲明，我認為其行為懷有強烈政治信念，欠缺司法情操，影響社會對司法制度的信心及觀感，終審法院首席法官應該適時處理，作出勸喻及提醒。

馬道立亦指出：「公眾也可就法官的行為作出投訴。每宗投訴都會由司法機構的相關法院領導按既定程序處理，最終負責的是終審法院首席法官。」（「聲明」第二十八段）

因此，區域法院法官郭偉健在「情操高尚」事件後，遭終審法院首席法官要求暫停審理涉及類似政治背景的案件。東區法院裁判官何俊堯亦因為調職，暫時無須審理相關案件。

三、香港法制另一項重要特質是具透明度，除了少數特別情況，所有級別法院的聆訊均開放予公眾旁聽，法庭程序公開進行，法庭的書面判決（判詞）列出判決理由，公開予公眾查閱。

促法官依量刑指引裁決　減爭議

市民可透過上述途徑了解法庭裁決，從而作出理性評論，而非道聽途說，妄加批評。說了這麼多，是不是代表司法機構沒有改善的空間？當然不是。我認為要完善司法系統，提升法庭的表現及效率，還有很多的工作要做。

一、終審法院首席法官及司法機構應積極督促各級法院法官，依據量刑指引作出裁決，減少誤差，減低社會爭議，這比另設量刑委員會更恰當。

二、終審法院首席法官及司法機構應積極提醒法官保持中立，不要發表個人立場，維護法庭大公無私、不偏不倚的作風，提高社會的信任度。

三、相信仍有大批反修例相關案件在排期處理，建議司法機構仿效英國處理二〇一一年 Tottenham Riot 的做法，指定一些具經驗的法官，集中於指定的法庭審理，盡快清理積壓的案件。

提高司法覆核門檻　防止濫用

四、馬道立於「演辭」指出，法庭面對「繁重案件量」，特別是大量免遣返聲請（酷刑聲請），使法庭承受沉重壓力，延誤在所難免云云。我則認為，目前司法覆核門檻太低，也是造成繁重案件量及延誤的原因。

經典例子是青山公路擴闊工程司法覆核案（HCAL 177/2015），案中「主角」是一段不夠兩公里的公路。特區政府於二〇一〇年構思擴闊工程，行政長官會同行政會議於二〇一五年批准工程，卻遭環保人士以不符合「二〇一四空氣質素指標」等各種環保理由反對，並且申請司法覆核。案件於二〇一七年十一月三十日在高等法院開審，於二〇一九年底才有判詞。期間工程成本已升到七億元，再加上立法會拉布等，工程到本篇截稿時仍未得到財委會批款。

這樣簡單的工程都一拖十年，其中一個原因正是司法覆核門檻太低，幾乎人人都可申請。目前，申請人只需填寫許可申請「表格八十六」，交付申請費用一千零四十五元便可提出申請，還可以申請法律援助，變相鼓勵濫用，「長洲覆核王」郭卓堅便由此成名。

我認為應該全面檢視及提高司法覆核的門檻，例如要求申請人必須是受影響人士等，防止濫用，減少積壓的案件，改善法庭效率。

二〇二〇年十月八日《經濟日報》

就委任張舉能法官為終審法院首席法官的擬議決議案發言

多謝主席。我發言代表新民黨支持議案，委任張舉能法官為新一屆終審法院首席法官。正如政務司司長發言時提及，張舉能法官資歷豐富，他是一位大律師，法律造詣高深，曾就讀香港大學和哈佛大學。他的年齡（五十九歲）是非常適合，相信可以長時期擔任終審法院首席法官。

張舉能將成為香港回歸後第三任終審法院首席法官，我認為現時委任他是有特別的意義。香港即將迎接回歸第二十三年，而落實《基本法》和「一國兩制」亦即將進入新的階段。首先，自二〇一四年中央政府發表「一國兩制」白皮書，已多次呼籲港人要全面正確理解《基本法》。

再者，現時世界各地政局動盪，過去一年的事件可見香港內部安全存有問題，發生顛覆、分裂國家的事件，使中央政府認為香港出現危害國家安全的行為。日前人大常委已經通過「決定」，為港區訂定國安條例。在這種情況下，對於處理普通法應如何配合國安條例實施等問題，新任終審法院首席法官有歷史性和憲制責任。

我特別詫異看見有關民主黨議員將就此項議案投棄權票的聲明，尤其許智峯議員提到此行為是為了提醒司法機構制衡政府的責任。法庭毫無疑問有制衡的功能，普通法的司法覆核制度便是給予市民覆核政府、官員或公共機構的公權運用。但香港現時出現司法覆核權被濫用的情況，非常嚴重。二〇一九年司法年度開幕時，郭榮鏗議員非常欣賞的馬道立大法官已經提及。我稍後將補充，也希望候任大法官可以解決這個問題。其實市民已經可以循司法覆核制度制衡政府。

司法機構有憲制責任協助國家落實「一國兩制」。雖然普通法和大陸法制度不同，但是普通法是相當有生命力的。普通法源自《大憲章》（Magna Carter）。自回歸以來，香港的普通法不斷適應化配合憲制安排。回歸前通過了 Adaptation of Laws Ordinance 便是協助普通法適應香港回歸中國後北京行使主權，其後特區政府又多次修改法例，讓條文適應。《基本法》第十八條及一百六十條清晰訂明，在不違反《基本法》的前提下訂立法律。

所以法庭有責任繼續適應新形勢，協助落實《基本法》和「一國兩制」，而非假借「三權分立」使司法權獨大，不需配合特區政府，這是不合理的。

我聽到郭榮鏗議員提到「三權分立」的概念。我翻閱眾多判詞，留意到很多法官提及「三權分立」。但請容我問這些資深大法官們是否清晰認識「三權分立」在香港真正實踐了？

「三權分立」是十七世紀政治哲學家約翰洛克（John Locke）提出的政治理論，但根據英國大哲學家伯特蘭羅素（Bertrand Russell）及英國憲制專家沃爾特白芝浩（Walter Bagehot），「三權分立」是literary theory，僅屬理論，在英國是從來沒有實施過。英國是透過內閣議會制，首相作為執政黨代表，透過內閣結合行政立法機制。

香港回歸前也沒有實行過「三權分立」。直至一九九三年，港督仍擔任立法局主席，隨後才讓位施偉賢御用大律師。當年的立法局，官守議員和委任議員佔大多數，真正體現行政主導。就算回歸後，嚴格來說，香港也沒有真正實行「三權分立」。因為普通法有成文法（statutory law）也有判例法（judge-made law），法庭可利用判詞修改法律。嚴格來說，法庭有立法的功能。判例法的著名例子是W v Registrar of Marriages（2010）。W是一位變性者，由於W已經進行不可逆轉的變性手術，若不讓其註冊婚姻，即違反人權。於是法庭修改入境條例，今天男性轉女性的變性者可以在港結婚。

所以嚴格來說，香港沒有真正的權力分立（Separation of Powers）。此外，《基本法》清楚說明，香港是獲授權的地方行政區，所有的權力來自中央，郭榮鏗議員說了很多法律界人士要有道德勇氣（moral courage）及維持司法獨立等等。我想提醒法律界的同事，請留意《基本法》第十九條，「香港特別行政區享有獨立的司法權和終審權」等等。但在二〇一一年，人大常委就「剛果金案」，就終審庭的要求作出釋法。這次釋法說明，「香港特別行政區法院對國防、外交等國家行為無管轄權」。當然，國安是其中之一。楊岳橋議員請不要笑，我想提醒議員，香港回歸後第一個憲制爭議，就是一九九九年「吳嘉玲案」。當時以李國能法官為首的終審庭，提出終審庭有「違憲審查權」，引起軒然大波，最終引致人大常委在回歸後第一次釋法。而後來，如我沒有記錯，香港終審庭在「劉港榕案」中，承認人大常委的釋法對香港的法庭有約束力。而且香港的法庭獨立的審判權及裁決權，不包括《基本法》。人大常委有《基本法》最終的解釋權，這點《基本法》第一百五十八條已清楚說明。香港部份法律界人士有將香港司法界權力無限放大的傾向，我希望他們留意，回歸前後人大常委多次的釋法和《基本法》的條文。

我希望候任的大法官可以處理由馬道立大法官留下的兩條尾巴。

在二〇一九年法律年度開幕的發言中，馬道立大法官指出法庭需要處理的個案非常沉重，主要的原因是酷刑聲請者，就免遣反聲請的司法覆核個案繁多。根據資料顯示，一九九七年司法覆核許可申請有一百一十二宗，到二〇一九年已升至三千八百八十九宗。其中三千七百二十七宗是馬道立大法官所說的酷刑聲請者提出的免遣反聲請的司法覆核個案。大法官表示這麼多個案，聘請更多法官也沒用。

馬道立大法官指出他會建議「modest legislative amendments to facilitate the handling of such torture claims.」，但過去法院提出了甚麼修訂呢？政務司司長，法院是你負責提供支援的，你的行政署長負責向法院提供服務，有沒有與大法官談及如何修訂使司法覆核程序不被濫用呢？這是第一條尾巴。

第二條尾巴亦是在法律年度開幕時，馬道立大法官提到審理刑事個案有幾大原則，第一是無罪推定，第二是被告人一定要有充足時間辯護，第三是刑事個案需要 trial without delay，盡快審理。第四是被檢控人士要有上訴的機會。這些我當然完全支持。

首席大法官亦指出在過去一年法庭面對大量刑事個案。根據警方的數字，有九千人被檢控，當中四成為學生，最多被檢控的人士為教師及社工。如何應付大量的刑事個案？有評論指判刑相當參差不齊。

馬道立大法官指「the Judiciary has made plans to deal with such cases （at whatever level of court） expeditiously. A task group has been set up for some time now to look into how best and how expeditiously our courts can cope with these cases. Relevant stakeholders will be consulted on suggested measures. These include proposals to sit extended hours.」，大法官所提及的 task group，進度如何呢？會否委任一些特別的法庭，或指定特別的法官處理因黑暴而引發的九千多個案，以免被人指濫捕濫檢，符合司法公義，也讓被檢控的人士盡快獲得處理。

政務司司長，你是負責支援法律的工作，發言不應只講程序，只告訴我們JORC推薦了甚麼人，這些我們都知道。希望你會督促你轄下的官員，行政署及司法部的政務總長，協助法院處理司法覆核個案過多及刑事個案積壓過多等問題。

主席，我謹此發言，支持張舉能法官的任命。

二〇二〇年六月十八日 facebook

就委任終審法院其他普通法適用地區法官擬議決議案發言

主席，我發言支持賀知義勳爵海外法官這項任命。雖然剛才聆聽很多同事批評，賀知義勳爵的法律地位雖高，但為何我們很多終審法院法官都是從英國來的呢？為何不聘請印度、汶萊等國的法官呢？這些都是普通法地區。有些同事也提議成立法庭以外的量刑委員會，有些更批評法官官官相護等等。雖然如此，我認為今天有這位英國法律地位崇高的法官，仍然願意擔任香港法院的非常設海外法官，實屬難能可貴，特別是某些英國政客提出政治投機言論，研究將來暫停委派法官到港。

其實終審法院的組成與立法會的歷史息息相關。《基本法》第九十條訂明「須由行政長官徵得立法會同意，並報全國人民代表大會常務委員會備案」。本地法官與海外法官的比例，應該是四比一還是三比二，其實在回歸前的立法局曾就此辯論過，並在中英聯合聯絡小組轄下的終審庭專家小組磋商以後達到共識。那時的小組組長是副經歷司（Deputy

Registrar），副組長就是本人，當時本人就任副行政署長。取得這份協議後，當時的政務司司長就在立法局動議辯論，要求立法局通過四比一的安排。由於這個安排得到小組和立法局同意，我認為有必要尊重和維持。

至於法官應該從何處聘請呢？何君堯議員說得沒錯，普通法地區不止英國，我們有加拿大和澳洲的法官。所以，印度和新加坡的法官同樣符合資格。我不反對，南非我倒不怎麼熟悉；新加坡，當然是普通法地區。但何議員提到汶萊，我就有一點意見了。據我了解，汶萊的司法制度比較屬於萌芽階段，香港法院素來有司法互助制度（Judicial Assistance Scheme），前往汶萊幫助他們訓練法官。這個制度回歸後已經運作多年。由此可見，汶萊的法律水平仍然與香港有一段距離。但我不反對除了英、加、澳之外考慮其他普通法地區的法官。例如新加坡是絕對可以考慮的；印度也可以。眾所周知，印度人的英語很好，他們的邏輯分析能力也很高。

至於剛才有同事提到對裁決和量刑不滿意，我認為這些問題還是交給司法系統處理。如果有判刑過輕，當由律政司提出上訴，上訴庭根據量刑指引處理。如果有法官在判詞中加入不必要的、含個人情緒的、不符合法官身份的言論，也該由首席法官跟進處理。我認為司法制度絕對有能力處理這些問題。

我們即將迎來新任終審法院首席法官，他首要處理三件事情：

一、提醒法官應有的司法情操，要公平公正，不要參加聯署、遊行、發表含個人情緒或政治立場的言論，譬如提到暴動是回應歷史時刻，我相信很多市民聽到後感到錯愕。如果下級法院出現判刑過輕的情況，應當由上級法院糾正。

二、我同意雖然我們維持普通法制度，但是首席法官要讓海外法官明白，香港的憲法基礎已經變更。我們不是英國屬土，而是根據《中華人民共和國憲法》第三十一條和《基本法》第十二條成立的「一個享有高度自治權的地方行政區域，直轄於中央人民政府」。

三、香港並不存在「三權分立」。關於這點，很多學者指出，一九八七年鄧小平先生曾說，不要在香港弄西方那一套，不要弄「三權分立」，也不需要完全跟從內地的系統，只需自己發展。我們沿用「一國兩制」，要對自己的制度有自信，自己建立適合中華人民共和國香港特別行政區的司法制度。我希望首席法官就此向法官作出指引。

坊間藍營人士反對外籍人士當法官，我絕不苟同。因為我閱讀過很多判詞，很多時候外籍法官的判詞比本地法官的更公正，也使人更有信心。正如終審法院退休法官列顯倫先生指出，近年法官的判詞愈來愈冗長，又引用不適用於香港的法例，如有關《歐洲人權公約》的案件。其中原因是可能受到來自傾向泛民派的大律師的壓力，所以法官需要一堆案件鞏固自己的法理依據。其實這些是不必要的。

外籍法官的判詞是快、狠、準。例如最近一宗有關 DSE 歷史科考題的司法覆核案件，負責審理這案的是高等法院高浩文法官（Russell Coleman）。他的判詞非常長，有三百多段，由於要在放榜前審理完畢，他寫得很快。從判詞中可看到，高浩文法官認為試題本身是沒有問題的，英國也有類似的試題。他也批評行政長官及教育局局長的言論，最終並未有被個人想法左右，判政府勝訴。其實司法覆核只有幾個理由可判勝訴，即違法、違反自然公義、不符合程序公義等等。考評局的建議是通過討論和投票通過，不可以說不符合程序公義。所以高浩文法官最終判政府勝訴。其他外籍法官也是，因為他們大部份沒有參與本地政治，視野又較寬闊，他們的裁判會更令人信服。

因此，賀知義法官加入我們的法庭是一件好事。我相信他會秉持公正和客觀的態度。並且，香港能保持與先進普通法地區的聯繫對於香港維持國際金融中心的地位非常重要。普通法的弊處是程序繁複冗長。以南丫海難一案為例，拖延至今家屬仍未取得一個滿意的結果；DR 事件甚至要八年才有判決。一般市民沒錢長時間打官司，難以獲得公義（當然也可以申請法援）。然而，普通法的好處也在於程序，因為不易出現 miscarriage of justice，可以互相辯駁，減低誤判的機會。這樣可使人權和財產得到保障，可判性和穩定性較高，更是國際金融中心的基石。環顧世界，所謂四大國際金融中心，倫敦、紐約、香港、新加坡，全部都是普通法地區。

為了維繫我們的金融優勢，我們要鞏固司法制度，與先進普通法地區保持聯繫，有優秀的法官出任我們的終審法院非常設海外法官很是重要。

我謹此發言，支持是次任命。

二〇二〇年十二月十三日 facebook

三權分立的迷思　港回歸前後從未實行

就香港政制是否實行「三權分立」這個問題，社會上久不久便又鬧得沸沸揚揚。其實我早於二〇一六年十二月已撰文《三權分立的迷思》，論及「香港的政制並不是行三權分立。直至一九九三年港督不再出任立法局的主席及議員為止，香港的立法局在英殖時期一直都是由行政機關主導，港督及司級官員在立法局佔大多數。」我也多次公開說明過。

現實操作　三權分立難全實現

「權力分立」（Separation of Powers）是在西方啟蒙年代、十七世紀的英國哲學家約翰洛克（John Locke）提出的政治理念，主要目的是制約君主的權力。法國思想家孟德斯鳩（Montesquieu）則認為要避免權力集中，行政、立法、司法三權應該清晰地分開。

但是，理論歸理論，在現實操作上，「三權分立」難以完全實現。

英國哲學家伯特蘭羅素（Bertrand Russell）便在著作《西方哲學史》（*A History of Western Philosophy*）指出，英國的政制發展與「三權分立」南轅北轍。事實上，英國沒有成文憲法，實行的是「議會至尊」制度（Parliamentary Supremacy），英國內閣成員由國會多數黨或管治聯盟的議員組成，行政立法透過內閣緊密結合。《經濟學人》（*The Economist*）前主編沃爾特白芝浩（Walter Bagehot）也在其著作《英國憲法》（*The English Constitution*）提到，英國憲制成功的秘密，不單不是因為「三權分立」，正是因為行政立法的緊密結合所致。

相對地，羅素也在書中指出，美國有成文憲法，有把「三權分立」的精神寫入憲法內，總統與議會透過不同的選舉方法產生，最高法院相對獨立於行政立法機關，但是法官委任要得總統提名及國會批准，三者相互制衡。不過，美國最高法院權力非常大，可以改寫法律，反映三權之間並非完全獨立。

港督牢控行政立法　政令無阻

回說香港，在英殖時期，立法局的成立及職能，是根據《英皇制誥》（The Letters Patent）制定，官守議員及非官守議員均由香港總督委任，沒有民選議席。立法局主席由港督當然擔任，憲制安排上就是行政主導立法，實際上也鮮有發生議員投反對票的情況，政府施政暢順。

已故鍾逸傑爵士（Sir David Akers-Jones）曾經告訴我，甚麼是行政主導呢？就是行政局會議結束後，會議記錄會以紅筆、紅色字列明「The Council advised and the Governor ordered」這句，即是「港督聽取行政局意見後，命令會發生的事」，就會傳達至立法局，通行無阻，政策得以落實。換句話說，即是由港督牢牢控制行政立法機關。

彭定康撤官守議員制度

這種行政主導立法，政令通行無阻的情況，在彭定康來港出任最後一任港督後，發生了改變，導致今日大家誤以為香港一直實行「三權分立」。

彭定康是來自英國議會制的政客，他在一九九二年來港履新後，認為由港督出任立法局主席、由官員出任議員，並不妥當，於是宣佈自己不出任立法局主席。一九九三年，御用大律師施偉賢（John Swaine）成為首名出任立法局主席的非官守議員。

其後，彭定康繼續以各種措施削弱行政機關的主導地位，包括要求所有官員撤離立法局，於一九九五年取消官守議員制度。自此，行政機關在立法局失去以往的穩固支持。

彭定康強行把行政立法分家，當時很多官員均擔心，行政當局將無法控制立法局，立法局將會失控，於是想出補救方法，計劃設立「行政立法兩局議員辦事處」，保持兩局議員之間的聯繫，並計劃由兩局首席非官守議員鄧蓮如出任主席。

當時我是副行政署署長，密鑼緊鼓地展開籌備工作，並計劃為辦事處開設 D8 級秘書長職位，當時的理想人選是劉李麗娟，皆因她與鄧蓮如熟稔，而且人緣好，游走兩局尊貴議員之間，應不成問題。

可惜的是，立法局自一九九二年引入直選議席後，出現了一批草根議員，他們不買首席非官守議員的賬，「行政立法兩局議員辦事處」計劃胎死腹中。

鄧蓮如大抵感知無法駕馭民選議員，在一九九五年宣佈退休，一九九六年遷居英國。

人事沒分權　羅弼時獨跨三界

司法方面，回歸前，香港一直享有司法獨立，而且這項優勢在回歸後受《基本法》保障。但是回歸前，人事任命方面沒有分權可言，容許高官橫跨行政、立法及司法三界——羅弼時爵士（Sir Denys Roberts）出任律政司和輔政司（後改稱布政司）期間，兼任行政立法兩局當然官守議員，及後更出任首席按察司——橫跨三權，獨其一人，反映三權並非分立。

此外，像英美那樣，香港的終審法院可以改寫法例。例如就變性人結婚的案件（W v Registrar of Marriages），終審法院的判詞等於修改了《婚姻條例》，容許男變女的人士結婚。換句話說，司法與立法之間，並非完全分割。

回歸前，司法機關的表現也不是完全不受監察，經典例子是彭定康甫上任便要求立法局監察司法機關的行政管理與效率。不知道是不是彭定康來港前，已收到關於司法機關排期過慢案件延誤的投訴，他上任後隨即要求立法局成立「司法及法律事務委員會」（Panel on Administration of Justice and Legal Services）。

我當時在行政署工作，得悉港督府下達了這項工作，我便籌備開設一個D8級的新職位「司法機構政務長」（Judiciary Administrator），專責協助首席法官處理司法機構的行政工作，於一九九四年首位出任此職的便是戴婉瑩女士。

特區施政難　不等於權力分立

由於末代港督彭定康強行分拆行政立法，加上選舉引入大批強調「制衡」、「反對」的民選議員，埋下行政立法關係日趨惡劣的禍根。回歸後，董建華上台就任行政長官，便深深感受到特區政府難以駕馭立法會的苦況，近年局勢更是惡化，特區政府施政舉步維艱。但是關係惡劣不等於權力分立，從體制上而言，香港在回歸前後也並非實行「三權分立」，這點毋庸置疑。

二〇二〇年九月八日《經濟日報》

回應泛民人士因初選涉嫌觸犯《港區國安法》

二〇二一年一月十日我應邀到訪無綫電視，接受新聞台《講清講楚》節目訪問，與主持李卓謙討論警方拘捕五十多名曾參與二〇二〇年民主派初選人士的行動，我認為有關人士涉嫌違反《港區國安法》中的顛覆國家政權罪，他們被捕是合理而非濫捕。

是次泛民初選，發起人戴耀廷提倡「攬炒十步」，提出爭取「35+」的議席，目標是否決財政預算案，最終達致癱瘓特區政府運作、迫使特首下台、令中央採取強硬措施回應、引來外國干預及制裁，讓香港陷入混亂。雖然初選沒有涉及使用武力或威脅使用武力，但是倡議「攬炒」就是以非法手段否決政府議案，此等倡議就是顛覆國家政權。

否決政府議案須有理有據

有人質疑警方是次執法，是否代表立法會議員不能否決政府議案？我認為相關權利要合理、合法行使。舉例建制派議員即使佔議會絕大多數，很多重要議案，包括「明日大嶼」、第四輪防疫抗疫基金等，有議員都投棄權甚至反對票，都是有理據或善意的反對；選擇留下的兩位泛民議員，都有就不同議案投反對票，只要目標不是為了癱瘓政府，能夠證明真誠擁護《基本法》，在議會內投反對票是沒有問題的。

反之，如果未知法案內容就明言一律否決，企圖迫使特首下台，這是鑽《基本法》空子，意圖推翻特區政權機關，圖謀惡毒，扭曲《基本法》機制，相信任何國家都不會容許。而《基本法》第五十一條及第五十二條有關財政預算案被否決、特首請辭的條款，原意是讓行政立法機關互相配合與制衡，讓立法會行使監察職能，不是用來顛覆政府的。

當然，在組織及參與泛民初選被拘捕人士之中，實際有多少人會被檢控甚至定罪，有待警方調查，目前言之尚早。因拘捕、檢控和定罪有不同的門檻，我不相信最終五十多名被捕者會全數被控及有罪。警方拘捕是視乎表面證據、合理懷疑，正式控告則需要有牢固的證據，定罪則需要毫無合理疑點。至於以「攬炒」目標舉辦的初選是否屬於「非法手段」，就須視乎法庭裁決。

許智峯潛逃　可透過國際刑警發通緝令

另外，我積極敦促特區政府跟進許智峯棄保潛逃案，要求引渡兩名涉事的丹麥國會議員（左翼綠黨 Uffe Elbaek 及保守黨 Katarina Ammitzbøll）。特區政府可通過《刑事司法互助協議》，要求當地執法部門協助落口供，因為有關議員涉嫌協助、教唆他人犯罪，即使在境外串謀都同屬犯罪，當然最終丹麥方面會否答應是另一回事，但至少港府應先盡自身責任。香港是國際刑警成員，只要有足夠證據，可透過國際刑警發通緝令，將相關人士緝拿到港歸案，捍衛香港的尊嚴。

二〇二一年一月十日 facebook

香港應如何變革？

有建制派政黨提倡「變革香港」，除了提出基本理念外，其他細節則欠奉。我也同意香港回歸二十四年，確實是時候思考如何處理「變與不變」（change and continuity）的問題。

港人需明白，雖然特區政府按照「一國兩制」的理念管理香港，但隨着數碼化革命及中國經濟崛起，全球發展格局出現大變，香港已不能過於因循以往的做法。自我出任立法會議員，十三年來一直監察特區政府的工作，目睹社會變遷，更明瞭政府架構及其運作模式在多方面也不合時宜。因此，香港應從多方面變革，與時並進。

創科局先天不足

改革工作應由特區政府開始，其一是改革政府架構。事實上，前行政長官梁振英曾於二〇一二年提出改組政府架構，包括增設兩副司長、設立文化局、改組商經局為工商及產業局和科技及通訊局等等。但可能因為建議範圍太廣而被立法會否決。不過，為配合全球發展大勢，聚焦推動本港科技發展，立法會財委會於二〇一五年通過撥款，成立創新及科技局。

創科局成立數年表現平平，相信是因「先天不足」。首先，創科局的職權範圍較其他政策局狹窄，轄下只有三個部門，可處理的工作有限。該局又是從商經局分拆而來，財政資源及人手分配相對薄弱。加上當時擔任局長的楊偉雄是政府新人，在政府內部的影響力遠比不上其他資歷深、紅褲子出身的局長。因此，縱然他擁有出眾的學歷及創科經驗，該局在推動科技創新時難免遇上阻力。

運房局職權範圍過廣

香港土地房屋短缺本已是老大難問題，劏房問題成「香港之恥」，房屋供應長期不達標，輪候公屋時間接近六年。但同時，該局還需處理海陸空交通運輸等問題，擔子沉重。

有見及此，多個政黨提出「運房拆局」，兩局各設專職。其實行政長官也深知問題的嚴重性，但為何特區政府未能接納意見付諸實行呢？拆局除了需修改法例，相信主因是找尋合適人才擔任局長及其他要職，絕不容易。我相信拆局工作要待下屆政府才能處理。

廢除中央政策組讓人遺憾

香港政府於一九八〇年代研究設立中央政策組時，曾諮詢各政策科和部門，當時很多政務官，包括我也覺得增設這個「組」是「多個香爐多隻鬼」，擔心街外人會與政務官意見相左，不欲政府以外的學者、專家參與制定政策。

後來，中央政策組正式成立，以負責策略性思考、諮詢、制定研究方向、蒐集及分析民意等工作為主，為因循守舊的政府注入新思維，發揮作為特區政府智囊的角色。我認為在歷屆中策組首席顧問裏，劉兆佳教授最為稱職。這位資深學者在任期間既頻做民調以進行研究工作，也會邀請內地及海外學者來港，促進政府策略性思維。

民間智庫在培訓政策研究及政治人才上有重要角色，美國的智庫更以旋轉門形式運作，不少部長級官員來自智庫，運用他們的學説制定政策，辭官後便重回智庫工作。於是很多智庫均獲大企業資助，研究工作形成產業，各種學説百花齊放。香港的情況則難以比擬。

創新辦難以代替中策組

現任行政長官上任時，設立政策創新與統籌辦事處取代中策組，並改由政務官擔任總監。當時我已覺這職權編制會使決策及行事重返以往由上至下的老調，喪失中策組的功能。此外，雖然行政長官有心吸納年輕人為研究政策工作提出嶄新角度，但是在實際操作上，創新辦的年輕人學歷、閱歷和經驗尚淺，缺乏策略性思維訓練，不可與中策組的專家學者們比擬。

最匪夷所思的是，據悉黑暴期間，竟有創新辦成員在辦公室內設置連儂牆，公然無視公職人員要向政府効忠的責任。且創新辦成立至今也不見得有何嶄新及富建設性的建議，可見確是失敗之作。我建議下屆政府恢復設立中策組，延攬來自不同背景、研究不同範疇的高學歷人才，為香港發展作出實際貢獻。

檢討法定獨立機構運作

此外，我認為特區政府亦需檢討一些法定獨立機構的運作，針對處理營運成效等問題。港英政府財政司郭伯偉和夏鼎基素來主張小政府大市場，在他們的領導下，政府依賴自由市場經濟，力求無為而治。一九八〇年代，英國前首相戴卓爾夫人執政，主張把政府功能盡量私有化，也促使政府加快把一些政府部門企業化，例如為郵政署設立營運基金，又曾考慮私有化水務署等等。

考評局急需改革

香港考試及評核局於一九七七年成立，作為獨立法定機構，擁有獨立收入，不受審計署監察，可自行決定考試費、職員薪酬和獎勵金等，儼如獨立王國。近年考評局的營運表現未如人意，自二〇一三／二〇一四年度起與文憑試有關的收入年年虧損，特區政府在二〇一八年至二〇二三年間合共補貼三億六千萬元。於二〇一九／二〇二〇年度，文憑試佔考評局總收入百分之四十六點八，但受累於考生人數下跌，考試收入鋭減，預計津貼終止後，考評局將在二〇二二／二〇二三年度錄得整體虧損約九千八百萬元。

除收入減少，考評局的營運存在很多問題，包括監管不力、保密不足、洩漏試題、審題黑箱作業、DSE 考題惹爭議等等。二〇二〇年五月，法庭就補習天王蕭源透過手機取得文憑試保密試題一案，裁定蕭源與另外兩名前主考員串謀公職人員行為失當罪成；同月文憑試歷史科竟出現無視日本侵華史實的試題。

據了解，教育局曾於二〇一九年提名人員加入歷史科審題委員但不果，反映考評局缺乏監管，儼如「無王管」。考評局是眾多獨立機構的冰山一角，反映若特區政府要改善管治，必須大力檢討並加強監管，確保這些機構在正確軌道上營運。

二〇二一年二月二十三日、二十六日及三月一日《明報》〈三言堂〉

新加坡政務官比香港更精英化

新加坡和香港一向是「雙城記」宿命，從九七前後的「亞洲四小龍」，直到最近的抗疫表現，都一直互相比較，皆因兩地有很多共通點，例如兩地均是小島，均是小型但開放經濟（small but open economy），均是依賴外貿等等。

「雙城記」的宿命

兩地也曾經被日軍佔領、曾經是英國殖民地，但是政治及社會制度的發展則走上了不同的道路。香港在一九九七年回歸中國成為特別行政區，至今二十三年，經歷了四位行政長官。新加坡則在更早的一九六三年加入馬來西亞成為州份，再於一九六五年從馬來西亞獨立成國，由李光耀出任總理，在宗教族種文化各異的東盟諸國之間發憤圖強。

新加坡作為一個國家，具備執政黨（人民行動黨）及軍隊；新加坡有選舉卻沒有政黨輪替這回事，政治學者普遍認為新加坡不是民主國家。但是，正因為執政黨有能力勝出選舉、控制國會，因此政府施政暢順效率高，國家穩定，人民富裕。而作為特別行政區，香港沒有軍隊，沒有執政黨（行政長官在當選後必須退出所屬政黨），有的是強調政治中立的公務員隊伍。

在這樣的背景下，我們不妨比較兩地政府如何培育政務官，造就「雙城」差異。

新加坡比香港更加精英化

香港的公務員隊伍以政務官為核心骨幹，都是百裏挑一的天之驕子。然而，我認為新加坡在挑選及栽培政務官方面，比香港更加精英化。

新加坡注重精英教育，幾所頂尖中學幾乎出產所有政商界精英，李光耀和吳作棟就讀的萊佛士書院（Raffles Institution（Secondary））便是佼佼者。新加坡重視高學歷，推動同學爭取各種獎學金到海外留學，其中「新加坡總統獎學金」（The President's Scholarship）更是最高榮譽，得獎人必須具備過人的領袖才能，李顯龍及吳作棟便是例子。這些精英會到牛津、劍橋升讀大學，回國後加入政府做政務官，其後再保送至哈佛、史丹福大學等世界級學府進修。

反之，特區政府是在二〇一四年才接受我的建議，設立「香港卓越獎學金計劃」，資助優才到海外知名大學升學，並要求他們畢業後必須回港服務；比新加坡政府的步伐慢得多。

新加坡注重海外學歷

我八十年代在史丹福大學進修時，有一位比我年輕六年的曾士生（Chan Soo Sen）同學是新加坡政務官，從他的仕途發展可看出新加坡是如何栽培精英的。

曾士生是人民行動黨黨員，是「新加坡總統獎學金」及「哥倫坡計劃獎學金」（Colombo Plan）一九七五年的得獎人，在劍橋大學畢業後，一九八〇年加入政府，再於一九八六年獲新加坡政府獎學金保送到史丹福大學修讀碩士。他曾任新加坡中國蘇州工業園區總裁，先後於國防部、總理公署、衛生部、教育部、社會發展及體育部、貿易及工業部擔任政務官。人民行動黨於一九九七年派他參加選舉，他成功當選為國會議員，後於二〇〇一年出任政務部長。

由曾士生的歷練可見，新加坡是非常精英化地挑選及培育政務官，由於執政黨控制政府、國會及公共機構，可以把政務官調配至不同領域學習，累積經驗，擴闊視野，再出戰選舉轉任議員，目標是培育可以帶領國家的領袖。

香港政務官多為本地畢業生

香港第一位華人政務官是徐家祥（Paul Tsui Ka-cheung）。他在二戰期間為英軍做過情報工作，戰後於一九四八年加入港府成為政務主任（當時稱為「官學生」），及後曾署任華民政務司及出任勞工處處長。

香港政務官的本地化過程極為緩慢，早期是每隔幾年才聘請數位本地大學畢業生，例如一九六二年入職的楊啟彥及陳方安生。六六、六七暴動後，港府在一九六八年推出「民政主任計劃」做官民橋樑，增加招聘，蘇澤光、梁定邦、鍾麗幗、施祖祥及關佩英等於一九六九年入職。

其後，港督麥理浩大展拳腳，推出十年建屋計劃、開發新市鎮、推動文娛康樂體育發展等，需要大量人才，港府於是在一九七三年「放水閘」，大量招聘本地政務主任，包括葉澍堃及黎慶寧等。我是一九七五年入職的，林鄭月娥則是一九八〇年。

招聘委員會由現任政務官組成，可想像他們選拔人才時，會注重文書能力、分析能力、表達能力及團隊合作性。換句話說，他們主要聘請良好下屬，而非培植精英領導者。入職後各種調任也是工具式、書寫式訓練為主，而非領袖式培訓。

港府保送海外進修

七十年代，有英籍高官認為本地政務官視野窄、水平不夠，港府於是付高昂費用，讓牛津大學推出非學位培訓課程。港府保送本地政務官到牛津大學進修一年，除了課堂，還會帶學員去西敏寺參觀英國國會等等，說起來有點像現在的遊學團。

後來有本地政務官反映，他們花掉一年時間進修卻沒有學位，實在不值。於是公務員事務科改為保送他們修讀史丹福大學的史隆管理碩士課程或哈佛大學甘迺迪政府學院的公共行政管理碩士課程。記得當年我是第三位參加史隆管理碩士課程的，而曾蔭權則去了哈佛大學進修，因此他是沒有學士學位卻有碩士學位的。

由兩地培訓政務官的不同手法便可理解，為甚麼新加坡部長級官員的整體學歷比香港的官員高，閱歷會較豐富，個人政治魅力也較強。

二〇二〇年四月二十日《經濟通》

公務員應宣誓効忠香港特別行政區

公務員團隊一直是香港繁榮穩定的基石，特區政府各個政策局、上上下下各部門，都是依靠十九萬公務員，執行政府政策，為市民提供優質服務，這點毋庸置疑。然而，在目前高度政治化的社會環境下，公務員體系及理念也難免受政治化的氣氛衝擊。

有公務員高調參與去年的反修例抗爭集會甚至被捕，強調政治理念的新公務員工會成立，讓「公務員是否政治中立」、公務員操守等等問題引起廣泛爭議。新上任的公務員事務局局長聶德權指「公務員是香港特區政府的公務人員，同樣是中國香港特區政府的公務員，執行職務時要考慮此兩重身份」，更加引起軒然大波。

香港特別行政區本身就是國家不可分離的一部份，在「一國兩制」下，公務員沒有身份問題，反而公務員操守、是否効忠特區政府，更值得社會關注。

《公務員守則》清楚界定

《公務員守則》第 3.7 條對「政治中立」有清楚解釋：「不論本身的政治信念為何，公務員必須對在任的行政長官及政府完全忠誠，並須竭盡所能地履行職務。在履行公職時（包括提供意見、作出決定或採取行動），他們不得受本身的黨派政治聯繫或黨派政治信念所支配或影響。公務員不得以公職身份參與黨派的政治活動，亦不得把公共資源運用於黨派的政治目的上，例如進行助選活動或為政黨籌款。」

事實上，早於二〇〇四年六月九日，時任公務員事務局局長王永平到立法會回答議員質詢，當時他便指出：「公務員政治中立，包括以下主要元素：（一）公務員的政治中立，建基於效忠政府的責任；（二）所有公務員應對在任的行政長官和主要官員盡忠；（三）公務員必須衡量各項政策方案的影響，在政策制定過程中坦誠而清晰地提出意見；（四）在政府作出決定後，不論個人立場如何，公務員應全力支持，把決定付諸實行，並且不應公開發表個人意見；以及（五）公務員應協助主要官員解釋政策，爭取立法會和市民大眾的支持。」

四類工種性質特殊

同時，我認同公務員工會聯合會總幹事梁籌庭所指，特區政府列出四類職位，基於工作性質，回歸前後也不容許有個人政治主張：

一、首長級官員，負責制定政策；

二、政務主任，負責制定政策；

三、新聞主任，負責推銷政策；

四、警務人員，負責維持治安及社會安全。

記得回歸前，時任港督彭定康推動政改方案，要在立法會爭取足夠票數通過，當時我在工商科工作，所有高級官員及政務主任都收到指令，要全力幫港督拉票，游說不同業界支持政改方案（包括增加直選議席，以及新增九個功能組別，以個人票取代團體票，只要屬該組別的從業員，便可自動成為有關功能組別的選民）。可見首長級官員及政務主任，由於負責制定及推銷政策，必須堅定支持政府政策，沒有政治中立可言。

我擔任保安局局長時，時任天主教香港教區主教陳日君，曾公開批評公務員支持時任行政長官董建華，是違反政治中立。我出席活動時亦被問及這問題，當時我已指出，政治中立適用於「技術型」公務員，例如運輸、科學及環保主任等，他們的工作性質以專業、技術及科學為主，不牽涉政治，自然需奉行《公務員守則》政治中立、忠誠執行政策等原則。

此外，我認為所有公務員必須做到以下幾點：

一、要專業地、具操守地做好工作；

二、不可因為其個人政治立場而在工作時偏離其專業；

三、擁護《基本法》、効忠香港特別行政區；

四、支持政府政策。

公務員應宣誓　議案獲通過

我早於二〇一九年十一月四日，便於立法會「公務員及資助機構員工事務委員會」提出動議，促請行政長官根據《基本法》第四十八條第四款發出行政指令，要求所有公務員

（包括新入職的公務員）宣誓擁護《基本法》，以及効忠中華人民共和國香港特別行政區，以確保公務員上下一致、同心同德，維護「一國兩制」。當日，我的議案獲大比數通過，雖然議案沒有法律約束力，但我認為特區政府應該落實。特區政府作為僱主，應該對僱員有要求，公務員既然在政府工作，便應該擁護《基本法》，効忠香港特別行政區。

十一月二十七日的立法會上，黨友容海恩議員替我向公務員事務局提出質詢，追問特區政府會否制定相關政策及發佈行政命令。可是時任公務員事務局局長羅智光一直迴避問題，沒有正面回答。

宣誓一小步　未來一大步

半年後，現任公務員事務局局長聶德權終於公開表示，特區政府正研究公務員是否需要宣誓効忠特區政府、宣誓形式、以及違反誓言將有何後果等等，並且將於本屆立法會休會前彙報研究進度。我認為特區政府願意踏出這一小步，例如公務員分階段或分批宣誓，為公務員操守嚴格把關，對將來的影響會是一大步。

二〇二〇年六月十五日《經濟通》

從港澳行政長官述職解讀習主席講話

國家主席習近平及國務院總理李克強首度以視像形式，分別聽取港澳行政長官述職。我收看後的感覺是習主席非常關心香港，對於香港爆發第四波疫情，他表示「對市民生命安全及身體健康造成較大威脅，亦令大家工作生活造成許多困擾，很關心及擔憂」，更強調中央會全力支持特區政府抗疫，由此可見習主席非常留意香港情況，處處顯出由衷擔心，心繫香港之情可見一斑。

個人認為處理疫情是頭等大事，目前香港疫情非常嚴峻，每天新增數十宗確診個案，當中接近三分之一源頭不明，多區出現群組爆發。特區政府當務之急是真正管控疫情，切斷隱形傳播鏈，遏止病毒進一步擴散。其次就是希望特區政府盡快為港人爭取到有效疫苗，讓全港市民接種。其實早前內地及國外已有大量人民接種國藥疫苗，注射後並無出現嚴重不良反應，成效不俗，希望香港亦能早日落實疫苗到港及市民接種日期。在此非常時期，希望特區政府能夠特事特辦，假如必須擴大檢疫規模，加大力度推行全民強檢，甚至爭取有效疫苗，相信中央亦會全力支持。正如習主席所說：「祖國永遠是香港的堅強後盾，眼前困難一定能夠戰勝。」

談及香港管治時，習主席除了強調要確保「一國兩制」實踐行穩致遠，更至少三次提及「愛國者治港」。我憶起二〇二〇年十一月中舉行的「《基本法》頒佈三十週年法律高峰論壇」，主題為「追本溯源」，當時有多名中央大員出席論壇，提到《基本法》初心時均重申鄧小平先生一九八四年的講話，當時他明確指出：「港人治港有個界限及標準，就是必須以愛國者為主體的港人來治理香港……愛國者的標準是，尊重自己的民族，誠心誠意擁護祖國恢復行使對香港的主權，不損害香港的繁榮和穩定。」因此我對習主席多次強調「愛國者治港」，絕不感到奇怪。

二〇一九年反修例風波，黑暴摧殘香港，中央逼不得已出手訂立《港區國安法》，以止暴制亂，香港逐步回復正常。雖然街頭暴亂平息，可惜仍有人利用選舉制度鑽空子，發起「35+」計劃，目的就是通過取得立法會過半數議席，從而否決政府所有法案和撥款，癱瘓議會和政府，逼迫行政長官下台，製造憲制危機。中央及主要官員明顯洞悉其陰謀，假若成事的話，行政及立法等機關將會被反中亂港分子騎劫，不但破壞香港長遠利益及繁榮穩定，「東方之珠」更隨時淪為外國勢力的反中基地，因此未來「愛國者治港」的主旋律，上至行政長官、下至公務員以至公職人員，相信皆無可避免。

二〇二一年一月二十八日 facebook

四個難忘瞬間及四個判斷

疫情關係，一年一度的中聯辦新春酒會改為線上舉行，是次新春「雲酒會」的主題是「讓香港這個家變得更好」。

雖然我未能親身到現場參與，但感覺「雲酒會」整體安排非常不俗，相信電腦屏幕旁邊的賓客們更能聚焦致辭及酒會節目。

駱惠寧主任發表題為《讓香港這個家變得更好》的新春致辭，當中提及新冠肺炎疫情全球爆發，我國經歷了一場驚心動魄的挑戰，國家經歷「大戰大考」，成功戰勝疫情後，經濟強勁復甦，更獲得正增長。此外駱主任亦提到他來港履新已超過一年，對香港有更深入了解。駱主任總結對香港過去一年的「四個難忘瞬間」以及對香港未來的「四個判斷」，令我印象深刻，在此與各位分享。

四個難忘瞬間

第一個瞬間，是去年七一，《港區國安法》落地實施，百多艘漁船自發在維港巡遊，人們拉起「國家安全、香港安寧、市民安心」的標語。

第二個瞬間，是去年八月，內地援港抗疫隊伍抵港，許多人手捧鮮花夾道歡迎，市民感慨「臨危馳援，感恩中央」。

第三個瞬間，是去年國慶中秋「雙節」，我到港島小西灣、九龍深水埗探訪老人家和劏房戶，深感恢復經濟、紓解民困，不容遲緩。

第四個瞬間，是二〇二〇年最後一天，TVB與內地最受年輕人歡迎的網絡平台B站，聯合製作跨年晚會。千架無人機在維港上空排出「我愛香港，我愛中國」字樣，一時間兩地網友「香港明天更好」的彈幕刷屏。

對香港未來的四個判斷

一是「一國兩制」的方針不會變，且「一國」底線會更牢、「兩制」活力會更大。堅持「愛國者治港」，堅守「一國」原則，嚴格按照憲法和《基本法》辦事，維護憲制秩序，落實中央全面管治權，香港這個家才能繁榮穩定、長治久安。

二是憲法、《基本法》賦予的各項權利不會變，且守護香港安寧的能力會更強、維護國家安全的成效會更好。堅決執行《港區國安法》，堅持在法治的軌道上彰顯民主自由，拒絕落入泛政治化的漩渦，拒絕脫離良政善治的初衷，香港這個家才會有規有矩、家和人興。

三是大家習慣的生活方式不會變，且發展經濟改善民生的步伐會加大、廣大市民的生活質量會提高。拿出更加精準有效的施政措施，逐步破解就業、收入、土地、房屋、醫療等重大民生問題，解決影響廣大市民生活的深層次矛盾，讓每一個人的努力都不被辜負，香港這個家才會有更多獲得感、幸福感、安全感。

四是自由市場優勢和面向世界的格局不會變，且融入國家發展的空間會更大、參與國際競爭的底氣會更足。用好共建「一帶一路」、粵港澳大灣區重大機遇，當好國內大循環的參與者，做好國內國際雙循環的促進者，增強香港經濟的競爭力，香港這個家才會風雨不動安如山。

正如駱主任致辭總結時所說，有偉大祖國作為香港的堅強後盾，未來日子在特區政府和社會各界共同努力下，香港的陰霾最終必會驅散，「東方之珠」定會重拾光芒，這個家會變得更好。

二〇二一年二月五日 facebook

愛國者治港　抓對制度找對人

二〇二一年二月二十二日，全國政協副主席、國務院港澳事務辦公室主任夏寶龍在「完善『一國兩制』制度體系，落實『愛國者治港』根本原則」專題研討會發表了講話，顧名思義，講話內容以「愛國者治港」為主題。

鄧小平論述基礎上　提具體標準

其實相關主題中央政府一直有鋪墊，例如二〇二〇年十一月十七日的《基本法》頒佈三十週年法律高峰論壇，多位重量級講者均有引述已故領導人鄧小平先生於上世紀八十年代提倡的愛國者治港論，即「港人治港有個界線和標準，就是必須由以愛國者為主體的港人治理香港」。當時鄧小平先生已經提出了愛國者的標準，就是「尊重自己民族，誠心誠意擁護祖國恢復行使對香港的主權，不損害香港的繁榮和穩定」。我相信如今中央政府是在鄧小平先生的論述基礎上，把愛國者治港的要求具體化，以及提出制度上的改變。

首先，「治港者」的意思不單是指行政長官一人，而是指特區政府整個管治班子，包括行政長官、主要官員、行會成員、立法會議員、行政長官選委會、各級法官等，這些人合起來一起肩負香港的管治責任，因此必須是愛國者。

治港者與中央立場未夠一致

第二，夏寶龍主任指出，「要確保『一國兩制』實踐繼續沿着正確方向行得穩、走得遠，不變形、不走樣，一個重要前提是，治港者必須能夠全面準確理解和貫徹『一國兩制』方針。」換句話說，香港回歸後二十三年來走得這麼崎嶇，「一國兩制」落實那麼艱難，不就是因為治港者不夠愛國、和中央政府的立場態度未夠一致？

舉例說，回歸之初，一九九九年一月二十九日的「吳嘉玲案」，終審法院大法官的裁決認為，香港法院對人大有違憲審查權，當時這裁決引起極大爭議，最終導致人大釋法。正如夏主任指出，「愛國者必然尊重和維護國家的根本制度和特別行政區的憲制秩序。憲法是國家的根本大法，是香港《基本法》的母法。」試問香港法院、一個地方行政區的法院，哪能對人大有違憲審查權？

再舉個例，回歸以來，港人對「香港是三權分立」之說深信不疑，法院這樣說，官員這樣以為，教科書這樣寫，老師這樣教。為甚麼有人這樣倡議？因為他們以為，「三權分立」等於「中央管不了我」，正正反映問題所在。我多番公開發言及撰文指出，不論回歸前後，香港都是實行行政主導而非「三權分立」，以正視聽。

此外，廿三條通過不了、國情教育搞不成、修訂《逃犯條例》搞出史無前例的政治動盪，回歸以來好些大風暴、小挫折，某程度上都是因為管治班子內的愛國者不夠多，未能和中央政府的立場態度一致，「一國兩制」未能準確落實。

愛國治港者五大要求

第三，正如夏主任所說，反中亂港分子之所以能「興風作浪、坐大成勢」，其中一個直接原因，就是香港「尚未真正形成穩固的愛國者治港局面」。配合今天的局勢，夏主任明確列出何謂愛國的治港者：

一、「治港者必須能夠全面準確理解和貫徹『一國兩制』方針，必須深刻認同『一國』是『兩制』的前提和基礎」，香港法院可以審查人大之說，便是搞混「一國」和「兩制」的關係了。

二、「旗幟鮮明維護憲法和《基本法》確定的憲制秩序，充份尊重國家主體實行的社會主義制度」，即是終日高舉「結束一黨專政」的旗幟就要不得了。

三、「正確處理涉及中央和特別行政區關係的有關問題」，例如怎樣適當處理高鐵「一地兩檢」的敏感爭議。

四、「堅定維護國家主權、安全、發展利益和香港長期繁榮穩定」，若議員一味在議會內拉布、搗亂，盲目反對議案，甚至連防疫抗疫基金的撥款議案都反對，這樣做還算是維護香港的長期繁榮穩定嗎？

五、「堅守『一國兩制』原則底線，堅決反對外國勢力干預香港事務」，這很簡單，若有人依傍外國勢力，甚至要求外國政府制裁香港，當然不能接受。

除了上述的五點，我亦十分同意夏主任的總結，「堅持愛國者治港是關係到『一國兩制』事業興衰成敗的重大原則問題，容不得半點含糊」。

選舉制度改變　人大會議有分曉

第四，就是要完善相關制度，以配合落實愛國者治港的目標，「確保香港管治權牢牢掌握在愛國愛港者手中」。理由很簡單，現時正正因為選舉制度不完善，反對派乘勢而起，佔據議席，才引發那麼多動盪，妨礙「一國兩制」準確落實。至於選舉制度會有甚麼重大改變，我相信在即將召開的人大會議自有分曉。

不過，夏主任也澄清，「強調愛國者治港，絕不是要搞『清一色』」。很明顯，中央政府非常明白香港擁有獨特的歷史、社會及文化背景，是個中西文化薈萃的多元社會，也有很多人深受西方文化影響，對國家的看法未必與愛國者一致，「對這些人的取態，中央是理解和包容的」，這些人可以繼續發揮其專長、專業，在各行各業貢獻香港，但是他們並非愛國者，不能成為愛國者治港的一員。

整體而言，我認為透過夏主任的發言，我們知道中央政府是如何重視香港、重視「一國兩制」；同時，中央政府明白到，要管治香港，除了要抓對的制度，找對的人亦很重要。當制度與人選都對了，「一國兩制」自能行穩致遠。

二〇二一年三月二日《經濟日報》

政制大手術　從眾或從賢？

二〇二一年三月十一日，全國人大會議通過完善香港特別行政區選舉制度的「決定」，包括把選舉委員會的人數由千二人增至千五人；由四大界別增至五大界別；選委會職能擴大至負責提名行政長官及立法會議員候選人；行政長官候選人須在五大界別各取得不少於十五名選委、共不少於一百八十八名選委的提名；立法會總議席增至九十席等等。我及新民黨均支持上述改動，認為有助增強選委會的廣泛代表性及均衡參與，從而有助行政長官及立法會議員面向全社會。

資格審查委員會十分重要

「決定」的另一舉措是設立候選人資格審查委員會，負責審查選委會、行政長官及立法會議員候選人的資格。我十分贊成這做法。以往由不同地區的選舉主任裁定候選人是否符合資格的做法並不理想，一來欠缺統一標準，二來要由只屬D2級的官員作出如此重大的裁決，對他們而言壓力過大。今後由資格審查委員會負責審查，便有統一標準，並且能確保候選人是愛國愛港人士，達致愛國者治港的目標。

人大做了「決定」後，下一步將交人大常委修改《基本法》附件一《行政長官的產生辦法》及附件二《立法會的產生辦法和表決程序》，然後再交特區政府修改本地法例，依法組織及規管相關選舉活動。行政長官表示將涉及約二十條本地法例，可以預視，未來數月立法會將忙得不可開交，看來七月也難以休會了。

最重要是捍衞國家主權

看中央政府一直強調要以愛國者治港，以及人大「決定」所包含的各項改動，可見中央政府用心良苦，堅定不移地為香港政制做大手術，我認為有以下主要原因。

首先而且最重要的，是中央政府必須捍衞國家主權、安全及發展利益。自從二〇一三年戴耀廷提出佔領中環，後來演變成七十九日違法佔中，香港亂象頻生，反對派、本土派積極活躍，港獨派成型，之後發生二〇一六年旺角騷亂，局勢變得嚴峻。直至二〇一九年特區政府提出修訂《逃犯條例》，局勢一發不可收拾，反修例抗爭演變成反中亂港的黑暴。反對派揚言要奪取立法會「35+」的議席，明言要癱瘓立法會、攬炒特區政府。與此同時，有反對派政黨及議員去信及親赴外國，勾結外國勢力，要求外國政府制裁香港。在中央政府眼中，這些等於挑戰國家權威、危害國家安全及企圖奪取管治權。中央政府忍無可忍，必須出手。

正如港澳辦副主任張曉明指出，香港當前存在的主要問題是政治問題，涉及奪權與反奪權、顛覆與反顛覆、滲透與反滲透的較量，中央政府沒有退讓的餘地。

「從眾」的民主制度百病叢生

第二，今時今日，港人應深刻思考，「從眾」的民主制度發展至今百病叢生，是否適合香港的實際情況及長遠發展？

Democracy（民主）一字源自希臘文，由兩個部份組成，demo 的意思是 people

（人），cracy 則指政制。Democracy 的原意是 rule by the people（由人民管治），或現在經常有人掛在嘴邊的「人民當家作主」，說來動聽。

選舉由政黨主導

可是，「從眾」的民主經歷了二千多年的發展，演變成各種選舉制度，而政黨政治出現後，所謂的民主選舉已非真正由人民做主，而是由政黨或利益集團主導或操控。舉例說，英國實行議會制（Parliamentary System），首相是從執政黨選出，並非群眾直接選舉產生。不論是約翰遜取代文翠珊，抑或當年馬卓安接替戴卓爾夫人，都不是直接選舉的結果。美國總統選舉的候選人，誰人代表政黨出選，也是由政黨高層決定。以剛過去的大選為例，桑德斯代表民主黨的進步極左翼力量，但是黨高層認為其勝算不如拜登，於是將其勸退，由拜登代表民主黨出選，與共和黨特朗普對戰。從英美兩國的選舉制度可見，「從政黨」的成份要比「從眾」大得多。

社會撕裂難尋共識

再者，若根據傳統民主理論，由人民選出的代表，理應能代表人民的意志（the will of the people），為社會謀總體利益（the common good）。可是今時今日，世界各國均十分撕裂、兩極化，香港如此，英美歐也如是，人民意向各走極端，即使國家領袖經由選舉產生，也只是代表其政黨或立場勝出，難以代表及團結所有人，拜登和特朗普之戰便是一例。不同黨派針對不同議題各有立場，亦難言共識或妥協，長期爭拗更難以照顧社會的總體利益，對社會發展並無幫助。

愈來愈多美國的思想家哲學家對「從眾」的民主制度提出質疑，有美國的意見領袖認為美國應該放棄簡單多數制（first past the post），改為比例代表制、多黨執政等等，讓政治光譜裏不同意見可以反映。可見今時今日，「從眾」的民主制度是否仍如傳統民主理論那麼理想化，值得商榷。

立法會議員激進化

香港反對派民選立法會議員的表現，也走向激進化，他們逢中必反，一地兩檢、普教中、國民教育、國歌法、逃犯條例，一律反對，抗爭愈來愈激烈，中央政府無法漠視。

黃毓民歷史性掟蕉

記得二〇〇八年以前，立法會內只有「長毛」梁國雄議員和「大嗜」陳偉業議員較「頑皮」，但也只限於語出驚人的程度。直至二〇〇八年，黃毓民循地區直選加入立法會。是年十月，他不滿曾蔭權在長者生果金增加一千元的同時設入息審查，在議會內向曾蔭權擲香蕉，是香港立法會史上第一次有議員向官員擲東西。之後，他屢次衝出座位，罵官員時有金句，往往成功搶鏡，我們其他在席議員彷彿變成佈景板。二〇一四年，他向梁振英擲玻璃杯，終於惹上官非。

二〇一〇年，黃毓民、梁國雄及陳偉業三人就「替補機制」展開拉布戰，他們提出一千三百零七項修訂，拖延表決。二〇一一年，他們再就曾俊華提出的注資強積金（每人六千元）拉布，直把《財政預算案》拖拉至六月才通過，對民生影響極大。繼拉布這招後，泛民議員又想出打鐘、點人數、流會等等招數，令立法會的工作效率愈來愈差。二〇二〇年，郭榮鏗更拖延內會主席選舉大半年，幾乎癱瘓議會運作，其心可誅。

除了他們三位「前輩」，之後當選的泛民議員有樣學樣，為了搶眼球、見報，擲東西、辱罵官員成為風氣，議事廳變暴力場，肢體衝突時有發生，出走前的許智峯擲腐爛植物更是非常離譜。

議員宣誓侮辱國家

二〇一六年的宣誓風波稱得上是立法會極端化的極致。社會風氣變壞，吸引一批激進年輕人參選立法會，他們當選後，竟在宣誓就職時以各種方式侮辱國家，結果引致人大釋法，DQ了這些反中亂港的人士。

這些都是經由民主選舉選出的議員，反映了「從眾」的流弊，若中央政府再不出手理順制度，可以想像往後的立法會根本無法運作。

「從眾」行不通　應考慮「從賢」

我相信中央政府完全洞悉上述問題，既然「從眾」行不通，便應考慮「從賢」，這次完善選舉機制，便有選賢與能的意味。

第一、選委會的人數由千二人增至千五人，是擴闊了選民基礎；由四大界別增至五大界別，是增加了選委會的廣泛代表性；五大界別中增加了基層、地區組織、人大及政協等等，是進一步體現均衡參與。

議員能力大不同

第二、以我本人參加了四次直選、做了立法會議員十三年的經驗，清楚知道參加直選的候選人需要親善親民、勇於落區、敢於面對群眾，還要口齒伶俐、口才出眾、能言善辯，然而，這些特質與能力，與功能組別或專業界別的議員大不同，他們需要掌握專業知識、對業界有深入了解、能團結及帶領業界。

而立法會不能只有直選議員，相反，立法會既需要擅於接觸市民、掌握民意的民選議員，同時需要來自不同專業界別的專業人士，也需要了解中央政府思維的人大政協代表等等，各路人馬互補不足，可讓立法會發揮更大功能，有助特區政府良好管治，可見把立法會總議席增至九十席，實有其必要性。

賢人政治有利「一國兩制」

其實西方思想家已紛紛反思，究竟是民主政治（Democracy）抑或賢人政治（Epistocracy）才能帶來治世？群眾參與（Mass Participation）是否真能體現社會公義？抑或應該讓更多掌握知識資訊、有專業有才幹、能理性分析事情的人士參與管治？

我非常認同美國政治學者 Samuel Huntington 的想法，一個民主制度若達不到良好效果，便沒有內在價值。香港回歸二十四年，經歷了異常嚴峻的政治動盪，反映選舉制度有缺失，現在是時候深刻檢討，甚麼樣的政制最適合香港的實際情況，最有利愛國者治港，最有利「一國兩制」行穩致遠。

二〇二一年三月十五日《經濟通》

新選舉制度的啟示

二〇二一年三月二十七日早上，我到訪商台，在陳淑薇與潘志謙主持的《政經星期六》節目，暢談時政。

全國人大常委會就完善香港的選舉制度，修訂《基本法》〈附件一〉及〈附件二〉，改制後立法會的九十個議席中，選委會、功能界別及地區直選議席數目比例；選委會的基層界別覆蓋哪些組織代表；選委會怎樣選出或提名參選人等，即將揭盅。我作為立法會議員，目前工作分兩階段，先有開第一次會議的小組委員會，討論法律及政策問題，稍後小組改為條例草案審議小組，目標是在七月中審議完畢。

選委會角色更重要

選舉委員會增至一千五百人，新增至五個界別，是更有廣泛代表性，規定行政長官候選人須獲得選委會五個屆別中不少於十五個提名，總提名不少於一百八十八個，我認為十分合理。因為行政長官是面向全社會的，不可能只有某些界別支持。而選舉委員會角色將更為重要，因部份立法會議席將由選委會選出來，而且相信議席比例較地區直選及功能組別為高。

政黨本身需要儲備人才，我希望將來選委會可補充立法會欠缺的專業人才。以金融界為例，香港作為國際金融中心，有銀行、保險、金融行業，但目前立法會金融界議席主要來自證券業及交易所代表，因應金融發展如金融科技，立法會應補充相關專業人才。資訊科技界也一樣，目前只有資訊科技業界代表，將來應補充生物科技、醫療科技等人才。

地區直選議席比例將會減少，選舉辦法相信也會修改，由比例代表制改為雙議席單票制，整個政治藍圖將會重新劃分及「洗牌」。過往兩個陣營也有激進人士參選進入議會，如修改選舉辦法，各陣營也要集中票源，推舉較多人接受，更代表主流或中間溫和意見的人士參選。估計在二十個地區直選議席中，五大選區將分為十個選區，每選區選出兩位候選人。事實上，目前的選區的確太大，候選人太多，無法有效辯論政綱或參選理念。加上部份長年服務的議員同事準備退下火線，交棒予年輕、具專業知識、具議政能力的新人上場，此發展長遠對立法會議政是好事，能讓更多有能力、忠誠、有決心履行職務的專業人才參政。

改革選舉制度後仍有反對聲音

若果立法會選舉在年底舉行，我相信在目前疫情、經濟未改善、社會氣氛影響下，地區直選部份，估計建制派可取得一半議席。雖然泛民參選意向大減，但估計仍有政治素人會參選，嚴厲批評政府，幫市民消消氣，因此議會內的反對聲音不會消失。

對於西方對香港選舉制度改革的批評，我認為他們所指違反人權、自由等都是藉口，唯一的理由，是西方視中國為威脅，阻止中國強大，因此對香港指指點點，作出無理指控。目前，國家大致已有效控制疫情，加上經濟正增長，對美國構成巨大心理威脅。

西方對港批評甚虛偽

對於西方的無理批評，我非常反感，他們虛偽而且雙重標準。外國也不時修改選舉安排，如美國國會民主黨剛通過眾議院，修改選舉辦法，限制選舉經費等；喬治亞州也修例，由共和黨控制的州議會想收窄選民資格，非常不合理。英國也於二〇〇五年通過法例作憲制改革。外國修改選舉辦法，為甚麼香港修改選舉制度，就不可以？

另外，一個地方民主與否也不應該由選舉程序來界定，這樣理解民主太膚淺。任何一個制度，目標應該是達致良好管治。香港也一樣。過往用比例代表制，讓極端分子進入議會，或對他們資格無作出審查，作出侮辱國家行為，這些要處理。更甚如讓激進人士取得三十五個以上議席，迫令行政長官下台，對政府管治帶來災難性後果，可見改革實有必要。

二〇二一年三月二十七日 facebook

新選舉制度　應對民主崩壞

人大於二〇二一年三月三十日作了完善香港選舉機制的「決定」，人大常委於三月三十日修訂《基本法》〈附件一〉和〈附件二〉，《二〇二一年完善選舉制度（綜合修訂）條例草案》於四月十三日刊憲，立法會的法案委員會於四月十七日展開工作，經過兩星期的密集式會議，於四月二十六日完成審議《草案》，五月三日完成審議所有修訂案，並訂定五月二十六日於大會恢復二讀。《草案》於五月內通過，應無懸念。

委員會十四位議員在短時間內審議達六百頁的《草案》，包括六條主體條例及二十四條附屬規例，盡責盡職，一點也不粗疏。除了技術性修訂沒有爭議外，議員提出不少問題，更推動了兩項修訂，過程有序順暢。

猶記得我於二〇一八年出任立法會《廣深港高鐵（一地兩檢）條例草案》委員會主席時，十多位泛民議員不斷提出規程問題，反覆提問、拉布，肆意喧嘩，動輒衝向主席台，擾亂秩序，中斷會議，情況混亂，委員會花了三個月才通過這條只有七條條文的《一地兩檢》草案。更惡劣的是修訂《逃犯條例》，因為泛民議員的激烈抗爭，我們很多時根本進入不了議事廳，連開始審議工作都有困難。立法會今次高效運作，反映泛民議員總辭撤離後，立法會回復理性及效率，情況不可同日而語。

團體票是「八三一」原意　李飛早有說明

雖然立法過程順利，但是新選舉制度的細節並非沒有爭議，特別是人大常委賦予選舉委員會新的組成及新的職能，除了人數由千二人增至千五人，選委會將提名行政長官及立法會議員候選人，也將選出四十名立法會議員，選委會的含金量大大提高。

此外，外界關注選委會取消個人票，五大界別的四十組別，除了鄉議局、分區委員會、滅罪委員會、防火委員會、人大政協，其他全部變成團體票。其實這點並非新猷，早在二〇一四年人大常委秘書長李飛對《人大常委關於香港特別行政區行政長官普選問題和二〇一六年立法會產生辦法的決定（草案）》（八三一框架）作出的「說明」，已清楚列出，「關於提名委員會的組成，……每個界別中何種組織可以產生委員的名額，由香港特別行政區制定選舉法加以規定，各界別法定團體根據法定的分配名額和選舉辦法自行選出委員」。即是現在的改動，與當年「八三一框架」的原意同出一轍。

愛國者治港與「一國兩制」不能分割

另一爭議是立法會雖由七十席增至九十席，但是議席分佈改變了，選委會選出四十席，功能組別三十席，餘下地區直選只有二十席。對於信奉「一人一票」等於「民主」的泛民人士來說，直選議席減少了，群眾參與（Mass Participation）減少了，就等於偏離普選原則，就是不公義，就是民主倒退。

我理解他們的非議，可是，我們要反思中央政府為甚麼要這樣做？回歸以來，若香港政局穩步發展，中央政府需要作出如此大動作嗎？很明顯，自二〇一四年違法佔中以來，立法會的亂局、泛民「35+」攪炒香港的計謀，都反映制度有缺憾，中央政府不得不出手，撥亂反正，以確保愛國者治港及「一國兩制」行穩致遠。我們要知道，愛國者治港及「一國兩制」不能分割，特別是在目前美國等國家圍堵中國的情況下，若不能確保愛國者治港，香港墮入外國代理人的手裏，「一國兩制」便不能延續了。

「一人一票」不能達到最佳管治效果

此外，我們也需反思，「一人一票」是否就等於公義？「一人一票」是否就能達到最佳的管治效果？

事實上，近年西方社會也在反思這議題，很多學者發表了著作。他們發現，西方側重普選的民主體制出了問題，使國家陷入混亂、撕裂的局面。例如英國脱歐公投、美國二〇一六年的總統大選，兩者共通點都是勝方只險勝些微票數，成敗雙方都不服對方，國家極端撕裂。

近日，美國哲學家 Jason Brennan 出版了著作《反對民主》(*Against Democracy*)，書中提出發人深省的論點，值得我們反思。

選舉權不是基本人權

首先，Brennan 指出，有別於個人的生命權利，投票權、選舉權及參選權不是基本人權，而是涉及政治的權利，並且會影響社會及其他人。舉例説，個人結婚與否，或與誰結婚，純粹是他的個人選擇及權利；但是若他投票支持脱歐，投票結果便會影響反對脱歐的人。換句話説，投票權、選舉權及參選權是會影響整個社會的，如果個人錯誤行使權利，便會影響其他人的生活。

選民應具政治判斷能力

Brennan 認為，社會應該對於行使這些權利的個人（選民）有較高要求，他們應該對於自己行使權利的議題本身有深刻的認識，簡單來説就是知道自己「做緊咩」，例如要知道脱歐的前因後果及投票結果的影響、知道若投票給特朗普是代表哪些價值及會造成甚麼後果等等。

因此，相對於一般人，選舉的權利應該由高度掌握知識及資訊，能作出理性分析，有政治判斷能力的人士去行使。

選舉撕裂社會

第二，書中指出，選舉不單不能凝聚共識，更會撕裂社會，讓朋友變成敵人（make friends become enemy）。這點，我相信很多港人都深有體會。香港近年便因為各級選舉的激烈競爭而陷入內鬥，二〇一五年、二〇一九年的區議會選舉「黃藍」撕裂，泛民鑽選舉的空子醞釀奪權，不同政治立場的家人朋友反目。

撥亂反正　減少群眾參與

要拆解民主崩壞造成的惡果，Brennan 提出了一些建議，某程度上和新選舉制度的精神不謀而合。

一、減少普選元素，減少群眾直接參與；相對地，讓有識之士行使投票權。

Brennan 甚至提出選民應該先考試，證明有政治判斷能力等等，才能投票。

二、相對於「一人一票」，Brennan 提倡「一人多票」（plural voting），即是具知識、掌資訊、能力高的人，可以投多於一票。

實行賢人政治

三、實行賢人政治（Epistocracy），以賢人掌握政權，有如柏拉圖在《理想國》（*Republic*）中倡議由「哲人王」（Philosopher King）治國。不過，賢人治國在中西歷史也絕無僅有，要用制度補充，讓賢人有一定話語權。例如很多國家採用兩院制，就是制衡無知、非理性的群眾。雖然英國的兩院制蛻變到上議院只有否決權，但是上議院不會廢除，以保留發聲。又例如黑暴期間英國下議院不斷譴責香港警察，衛奕信爵士便力排眾議，為香港警察說了公道話。

美國亦分眾議院和參議院。眾議員兩年一任，議員甫上任便要為下屆競選拉票，因此容易被群眾牽着鼻子走。參議院便不同了，由於是六年一屆，參議員有時間做政策研究，或研究外交政策、國際關係。可見即使達到理想的賢人政治，很多國家也在制度上做到制衡，讓地位超然、學識較高、思想獨立的人有話語權。

四、加權投票（weighted voting），即賢人、知識分子等等能行使更大的投票權。

期待選賢與能

套用香港的情況，就是指選委會新的構成包括了「法定團體」代表、「當然委員」（例如大學校長），每名選委可以提名最多五名候選人等等。即是制度假設了這些人選是賢人、能人，透過落實賢人政治，減少群眾參與，達致平衡，以期最終達到愛國者治國、「一國兩制」行穩致遠的目標。

可是，沒有一個制度是十全十美沒有瑕疵的，想當初香港在回歸前才落實的選舉制度，也只是實驗，要經過實踐才曝露流弊。如今改善了制度，是減低發生憲制危機的風險，但是實際操作及成效如何？新選舉制度將有多大程度受裙帶間係影響？未來成為選委、晉身立法會的人，將會是一般社會賢達，抑或是真正懂立法、願意履行職務服務香港的才識之士？大家拭目以待。

二〇二一年五月十一日《經濟日報》

第二章

改革教育　推動創科

「怪獸」通識科　題目又爭議

自特區政府於二〇〇九年推行「三三四」新高中學制，摒棄傳統文理分科，把通識和中英數並列為必修科以來，有關通識科的爭議幾乎沒停過。我從美國回港後這十多年來，一直關注及跟進通識科的發展，發現通識科已成「怪獸科」，問題罄竹難書：

過份側重政治題　考生擔心表態

一、最初是要求其他科目的老師轉教通識，當時很多老師怨聲載道。

二、沒有指定教科書，教材不用送審，水平良莠不齊；老師大多依賴報章剪報或校本筆記，學術水平及立場均欠監督。

三、老師容易藉着課堂，向同學灌輸自己的政治立場。

四、教育局把 critical thinking 錯譯為「批判性思考」，直至二〇一四年才接受我的建議，改譯為「明辨性思考」。

五、六大單元既深且廣，卻沒要求同學閱讀典籍，同學欠缺基礎知識，討論流於片面；變成應付考試操練題型及答題技巧，而非累積知識。

六、筆試以長答題為主，側重考核同學的寫作能力，對語文能力稍遜、特別是數理強文字弱的男生，相當不利。

七、「獨立專題探究」（IES）的做法凸顯貧富懸殊，對家境富裕或家長社會資本（social capital）優厚的同學有利。

八、本地通識科在海外院校的認受性不高，中產家長認為無助海外升學，紛紛安排子女升讀國際學校修讀 IB 課程。

九、通識科必修，間接使同學放棄其他有興趣的科目，人文科目首當其衝，修讀人數逐年減少。

十、DSE 考試過份側重政治題，多年來一直為人詬病。

每年 DSE 開考，傳媒都會關注通識科「出了甚麼政治題」，包括：本地政黨與政府管治效能（二〇一二年）、六四與國民身份認同（二〇一三年）、立法會組成與拉布（二〇一三年）、示威遊行與政府管治困難（二〇一四年）、新聞自由與政府管治效能（二〇一五年）、香港民主程度與競爭力（二〇一六年）、立法會選舉與行政長官的管治（二〇一九年）等等。

題目超中學生認知　考評局捱批

即是說，歷年考核中，只有二〇一七年及二〇一八年兩年沒有政治題，而且上述題目主要都是必答題（卷一，佔整科評分百分之五十），同學欲避無從。歷年來也有同學及家長反映，在課堂上討論這些擔心是政治表態，考試時擔心答案立場與老師及評卷員立場不同會影響評分。雖然考評局澄清DSE有多重評卷制度，卻從來沒有減低家長及考生的憂慮。既然如此，為甚麼考評局繼續無視家長及考生的擔憂，增添他們的壓力？

細閱歷年題目，不難發現，題目大多提供統計數據、圖表、漫畫及摘錄報章評論等，要求考生分析數據特徵、「有多大程度同意」某種評論、提出例子論證看法等等。然而，政治漫畫、報章評論本身並非學術理論或根據，看不到以這些資料出題來考核同學的意義何在。

考評局依然故我，二〇二〇年也「不負眾望」，通識試題再度引起熱議。二〇二〇年的必答題之一有關香港新聞自由的評分、《公民權利和政治權利國際公約》及社會責任，提及「新聞自由與社會責任互相緊扣」。八分題是「就所提供的資料，指出兩個新聞自由與社會責任之間可能出現的兩難情境。參考所提供的資料及就你所知，闡述你的答案」。

我認為這條題目不單止太深奧，超越一般中學生的認知，同時有謬誤。

首先，《公民權利和政治權利國際公約》（International Covenant on Civil and Political Rights, ICCPR）這些國際公約都有複雜的政治背景，條文多而複雜，需要整體理解。ICCPR 中適用於香港的條文，已透過《基本法》第三十九條及《香港人權法案條例》在本地的法律中生效。但我很疑惑有多少中學老師曾經在課堂上全面教授 ICCPR？又有多少同學對 ICCPR 有透徹了解？

題目只摘錄 ICCPR 第十九條的部份內容，從而指出「由此可見，新聞自由並不是絕對的」。其實第十九條下共有三項：

一、人人有保持意見不受干預之權利。

二、人人有發表自由之權利；此種權利包括以語言、文字或出版物、藝術或自己選擇之其他方式，不分國界，尋求、接受及傳播各種消息及思想之自由。

三、本條第二項所載權利之行使，附有特別責任及義務，故得予以某種限制，但此種限制已經法律規定，且為下列各項所必要者為限：

（子）尊重他人權利或名譽；

（丑）保障國家安全或公共秩序、或公共衞生或風化。

要留意的是，ICCPR 並沒有條文直接提及新聞自由，我們可以理解為第十九條第二項所指的「人人有發表自由之權利」，即表達自由（freedom of expression）。再者，ICCPR 並沒有社會責任這概念。題目引用 ICCPR 作為資料，實在艱澀。

誤將新聞自由與社會責任對立

題目的另一個謬誤，是把新聞自由與社會責任放在對立位置，因此要求同學舉出兩難情境。事實上，新聞自由與社會責任並非對立，我們要謀求的，是如何取得平衡。即是ICCPR第十九條第三項所指的「經法律規定」的限制，例如，可以報道新聞但不能誹謗他人；在疫情爆發這公共衛生緊急狀態下可限制群聚；為保護兒童立法禁止傳播兒童色情物品等等。這些情境也並非兩難。

而對於如何取得平衡，海外及香港的普通法法庭已有很多指標性裁決及判詞，包括禁蒙面法案、公民廣場案等等。

當中，很多判詞均有提及Proportionality Test（相應驗證法），我則稱之為「合乎比例」，法庭指出了四個原則：

一、目標要合法

二、措施要與目標有合理關係

三、有合理需要的

四、在個人權益及社會整體需要之間取得平衡

由此可見，題目本身並不理想。相信一般中學老師及評卷員對上述條文及概念也未有透徹理解，又怎能要求同學有深度回答？如果只是期望同學泛泛而談填充字數，豈非浪費他們的時間？

通識科必須大改革

通識科已成怪獸，流弊積累已久，教育局固然責無旁貸，但在香港考評主導的文化下，考評局更要承擔巨大責任。若考評局改變出題的模式，不再沉迷政治題，通識科的教學內容自然會慢慢轉變。

不過，歸根究柢，我始終認為通識科必須大改革，至少轉為選修科，讓真正有興趣的同學自願修讀，其他同學也可修讀其他科目，包括人文或數理科目，真正擴闊同學的知識面。

二〇二〇年五月六日《經濟日報》

致陳岡校長的公開信（論盡通識科改革）

尊敬的陳岡校長：

陳校長，您好。

最近拜讀了您的文章《改革通識科本可由改革考局教局人事起——回應行政長官提出「糾正通識科異化」》（《明報》二〇二〇年十二月八日），讓我想起，當年我們因為通識科曾有一面之緣。

記得二〇〇六年的時候，我在美國史丹福大學進修，知悉香港將推行新高中學制，其中一科必修科是通識。當時，我在史丹福認識的香港高材生都很憂慮，擔心同學通識不成，反會變成「通通唔識」。我回港後，該位史丹福校友說您是課程發展議會通識教育委員會主席，是「通識之父」，便介紹我和您相識，着我向您反映意見。

後來，我請您在灣仔吃了一頓潮州菜。席間您力推通識科的優點，包括通識科沒有指定課本，主要是訓練同學的討論及分析能力，沒有對與錯的絕對答案，因此補習社也不能「貼題目」，正好打擊補習社貼題操題歪風。

向「通識之父」力陳弊端

相反，我對於有高中必修科竟然不設教科書，實在沒法苟同。當時我便和您分享，在美國讀大學本科的第一年，同學修讀 General Education，指定要讀文史哲以及科學的各類典籍，《理想國》、《君王論》及《莊子》等都有涉獵，那才是真正的通識。

香港新高中學制一科連教科書也沒有的必修科，我認為是偽通識，對於香港教育的發展及同學的成長均有負面影響。奈何當時已事在必行，我只能盡一己之力痛陳其弊。

通識科在二〇〇九年推行，二〇一二年第一屆 DSE 開考，很快便證實您那「補習社不能貼題目」的預言沒有成真，反之，正因為通識科沒有教科書沒有課本，同學更依賴補習社了，補習業發展更盛，還造就了不少補習天王。

通識科流弊多

相反，通識科推行後，流弊叢生，包括六大範疇太廣太深，教科書不送審水平沒保障，老師依賴報章報道作校本教材，同學沒有相關知識基礎卻要深入討論特定議題，同學猜測老師立場來答題，筆試過份側重寫作能力，獨立專題探究（IES）花掉老師同學過多時間等等，這些我都在其他文章討論過。現在通識科更發展成為社會問題，證明我當年的憂慮不無道理。

關注通識十四年

行政長官在二〇二〇年《施政報告》決定通識科改革後，才公開表示通識科「第一天已經出現問題」（二〇二〇年十一月二十八日），可我是從二〇〇六年開始，在通識科推行前已預視其禍害，並且自二〇〇六年回港至今，十四年來堅持在不同渠道發聲，不懈地指出通識科不妥之處。

早於二〇〇九年，我便以立法會議員的身份，多次致函時任立法會教育事務委員會何秀蘭主席，指出通識科的各種問題。

二〇〇九年提出簡化評級

在二〇〇九年五月二十五日的信函中，我指出「通識科欠缺具體的教學內容，在教、學及考評各方面將會出現不少困難；很多教育工作者及社會人士憂慮」，因此建議教育事務委員會成立「新高中通識課程監察小組」以監察通識科的落實情況。同時，我亦指出「通識科的評核有這麼大的爭議性，實在難以把考生表現細分為多個等級」，當時我已建議「通識科考試應只分『合格』及『不合格』兩個等級」。特區政府如今才決定把通識科評分簡化為「合格」及「不合格」，比我的建議足足遲了十一年！

其實，我對於當年陳校長您及各位官員提出學制改革的初心，十分理解。當時，社會普遍認為舊制是填鴨式教育，要讀的科目太多，而且要同學死記硬背，缺乏獨立思考及分析能力；推出新高中學制便是希望透過通識科訓練同學有獨立思考及批判性思考的能力。

錯譯「批判性思考」禍害深

可是，我並不認同上述說法。這些年來，我多次去信教育局及立法會，指出教育局把 critical thinking 直譯「批判性思考」是錯誤的，只會讓老師及同學誤以為萬事批判便等於獨立思考、便等於多角度分析，教育局直至二〇一四年終於接受我的建議，把 critical thinking 正名為「明辨性思考」，可惜錯譯多年，「批判性思考」深入民心，負面影響難以在短期內扭轉。

再者，我認為不同科目也可訓練同學的獨立思考能力，不是非通識科不可，重點是教學方法，而不是哪個指定科目。

人文科目培養獨立思考能力

就以我本人為例，很多人都知道我主修英國文學，難道我就沒有獨立思考能力？我讀預科時，英國文學科有很多指定讀本都是世界文學名著，例如海明威的《戰地春夢》（*A Farewell to Arms*），書中男主角是一名熱血美國青年，第一次世界大戰時，男主自願去意大利參軍，他以參軍為榮，以為自己是捍衛自由，後來體會到戰爭的殘酷，理想幻滅，最後做了逃兵。當同學細讀這些名著，自然會分析當代社會環境對作者、對書中人物的影響，自然會有各種反思。

又例如世界歷史科，同學讀到歐洲的演變，由十九世紀的皇權演變到君主立憲制，再到革命潮，演變到現代民主制度，難道同學就不會思考發生這些政治改革的遠因近因？難道就不會對比今日的社會發展？

同理，讀中國文學，讀《論語》、《孟子》等典籍，也可讓同學反思這些儒家價值在今日社會是否適用。

我可惜的是，正因為通識是必修科，把這些人文科目都擠掉了，近年修讀人文科目的人數少之又少，同學錯失了讀經典，增內涵，提高素養的機會，盲目地以為批判就是一切，令人痛心。

通識偏重政治題

最近拜讀了陳校長您的文章，有幾點我頗為同意。

一、我認同您在文章所說，通識「考題偏重政治議題，個別校本教材過度政治化」，「任教公開試班級的老師，一定會受到公開試試卷設計倒流效應的影響，調整教學策略」。

事實上，每年DSE開考，傳媒都會關注通識科「出了甚麼政治題」，而從二〇一二年開始，的確只有二〇一七年及二〇一八年兩年沒有政治題，其中二〇一三年更出了兩題政治題。政治題的比重這麼大，加上考評倒流效應，老師自然在課堂上側重多教政治內容，多討論時事。更重要的是，通識科沒有指定教科書，教授內容多靠老師把持，近年便爆出多間學校出了仇中仇警甚至港獨的校本教材，至於老師會否在課堂上灌輸自己的政治立場，也缺乏有效監管。教育局在二〇一九年才推出通識科教科書自願送審計劃，是姍姍來遲。

考評局應改革出題機制

二、我也認同文章指出，應該是「由考評局從制度上堵塞試卷不配合課程的政治性落差」。可惜多年來考評局並沒有正視問題，每年檢討照做，態度照舊，黑箱作業，使問題惡化。直至二〇二〇年的 DSE 歷史科及通識科考卷引起社會重大關注，相關人員離職，我認為考評局應該把握契機，改革管理，全面檢視及改革出題機制。

三、陳校長您認為行政長官公佈的通識科改革，與《學校課程檢討專責小組最後報告》的內容不符，是「繞過負責提交修訂課程建議的通識科課程檢視專責委員會」，不尊重專責小組，某程度上我也同意。

對課程檢討報告大失所望

不過，專責小組自二〇一七年成立起，花了三年時間，始在二〇二〇年九月完成這份《學校課程檢討專責小組最後報告》，期間經歷了反修例黑暴引起的教育動盪及新冠肺炎疫情帶來的教育斷層，《報告》雖略有提及卻未有作出深入回應，亦沒有針對通識科的真正流弊回應社會訴求，建議老掉大牙，我本人十分失望。

《報告》以「優化課程迎接未來，培育全人啟迪多元」為主題，提出了多項建議。教育局則在十二月九日，即行政長官宣讀《施政報告》公佈通識科改革後十四日，公佈接納《報告》載列的六個方向性建議，包括「推動全人發展」、「推行價值觀教育和生涯規劃教育」、「創造空間和照顧學生多樣性」、「進一步推廣高中應用學習課程」、「提高大學收生靈活性」及「加強 STEM 教育」。留意這六大方向並沒把通識科改革列為重點。

「創造空間」即是「學少啲」

有趣的是，「創造空間」和「照顧學生多樣性」分別出現了二十六次和二十二次，簡直是貫穿整份報告，實踐方法包括以「學時」這個新概念補充「課時」的不足，利用活動支援課堂，刪減小學科目的課程內容，維持高中「中英數通」四個核心科不變，但是縮減課程和評估，精簡各科的校本評核等等。這些在我看來，就是「教少啲」、「教淺啲」、

「學少啲」、「考少啲」，不單對提高同學的學術水平沒有幫助，反而會拉低整體教育程度，長遠而言將削弱同學的競爭力。

中學開設職業英語簡直荒謬

我認同《報告》提出，中文科要「加強培養同學欣賞中國文學作品及文言經典」，英文科則「增強學術和創意層面的語文運用」，也認同「提供更多元化的應用學習課程」。但是，《報告》提出在中學「開辦職業英語應用學習課程」則是荒謬至極。

何謂「職業英語」？《報告》並沒有下定義，只說「以照顧學生的不同能力和志向」，那麼，一般商用英語和餐飲業菜式英語或機電工程專業英語，能一樣嗎？專責小組以為的「職業英語」是哪種？在中學開設這種夠不着邊的課程，實際作用有多大？

我一直強調，學習英語要打好文法基礎，多讀經典著作，提高閱讀及寫作能力，校內良好的英語氛圍有助提高同學的英語溝通能力。與其搞中學職業英語，不如集中火力提升同學的整體英語水平。

今後着眼通識改革的影響

回說通識科，我認為特區政府在通識科的問題發酵了十一年後，終於下定決心改革，始終是好事。姑勿論改革內容是否與《學校課程檢討專責小組最後報告》一致，當中 DSE 評級簡化為「合格」、「不合格」（或「達標」、「不達標」），課程內容及課時減半，取消獨立專題探究（IES）等等，都是可取的方向。

隨後，我們應着眼改革的連鎖影響，包括新版的課程架構及內容、大學收生標準有沒有轉變、同學會否多修一科選修科、通識老師的供應及去留等等。

陳校長，希望未來能有機會再和您見面，交流對通識科的看法。

二〇二〇年十二月十五日《經濟通》

考評局無王管　需改革

往年的 DSE 中學文憑試都是通識科的政治敏感題備受爭議，想不到二〇二〇年歷史科「一炮而紅」，卷一必答題「一九〇〇年至一九四五年間，日本為中國帶來的利多於弊。」惹起的爭議更大。由於涉及日本侵華這段重要歷史，外交部駐港特派員公署指責香港教育不能成為「無掩雞籠」。行政長官形容事件是「專業失誤」。教育局局長楊潤雄更迅速反應，要求考評局取消該試題。我擔任主席的立法會教育事務委員會也因應建制泛民議員的要求，於二〇二〇年五月二十五日下午召開特別會議討論。

取消試題事關重大，「主角」考評局不能迴避，連日開會討論。事件發酵至五月二十二日，考評局決定取消出事試題，該題目不評卷不計分，但會參考考生在其他題目的表現調整總分，盡量減低對考生的評分影響。

雖然考評局作了決定，但我認為事件不能輕輕帶過，出事試題不單反映「出題通識化」的禍害，更加暴露了考評局多年來的累積問題，對教育影響深遠。

問題一：獨立王國無王管

七十年代，港英政府以小政府大市場的思維，把有獨立收入的部門公司化，例如郵政署成立了營運基金。而「香港考試及評核局」則根據《香港法例》第二六一章《香港考試及評核局條例》，於一九九七年成立為獨立法定機構。考評局的主要法定職責是舉辦「指明考試」，以前是中學會考及香港高級程度會考，現在則指中學文憑試。

考評局作為獨立法定機構，並非從屬於教育局，儼如獨立王國，其管理、架構、薪酬、編制、聘任等等，外界難以監管。即使試題有爭議，又出現過洩題醜聞，教育局及考評局仍以「考評局為獨立法定機構」作擋箭牌，一於意見接受，態度照舊。

問題二：營運虧損　屢求撥款

由於考評局有獨立收入，理論上自負盈虧，並不受審計署監察，財政上是「慳妹」

還是「大花筒」同樣無王管。例如特區政府在二〇一〇年向考評局提供九千萬元撥款資助後，考評局在二〇一二／二〇一三年度，兩度向四百名員工發放總額高達七百萬元的「特別績效獎勵」（獎勵金），引起社會譁然。

考評局的主要收入來源是考試費，文憑試的收入約佔考評局收入百分之五十二（二〇一七／二〇一八年度），其他則來自教師語文能力評核、各類國際及專業考試等等。

不過，由於由以往兩個公開試變成一個公開試、文憑試的考生總數每年下跌、每位考生的報考科目減少等等原因，近年考評局的收入大不如前。就二〇一七／二〇一八年度，單計文憑試便虧損七千萬元。為了維持長期營運，考評局於二〇一八年末向立法會申請三億六千萬元撥款，支持其由二〇一八年至二〇二二年四個財政年度的有效運作。此外，特區政府已經連續兩年代文憑試考生繳付考試費，變相增加了資助。

所謂長貧難顧，若考評局不能有效地開源節流，想必很快又會要求特區政府撥款支援；教育局是不是應該把握契機，加強監管，甚至將之收歸旗下？

問題三：既保密又洩題

一句「考評獨立」，考評局的審題委員會諱莫如深，究竟不同科目根據甚麼標準訂定怎樣的試題，考評局比廉政公署更加密密實實，黑箱作業，外界無從監察。雖然考評局聲稱每年均會舉辦檢討會，檢討試題並提出改善建議，但成效如何，看今次歷史科的出事試題便立即分曉。

口口聲聲有重重保密機制把關，但是市面上的補習天王「在考評局內有線」彷彿是公開的秘密，久不久便傳出洩題疑雲。我早在二〇一八年六月二十七日的立法會會議上提出過質詢，追問考評局有否加強監察及防止試題外洩、要求教育局檢討監察考評局的機制等等，惟教育局以各種官腔推搪過去。

補習天王蕭源因為透過手機收發以取得文憑試的保密試題，與另兩名前主考員被法庭裁定串謀公職人員行為失當罪成，判囚十四個月，是對考評局一直推崇的保密機制一次重重的「打臉」。至於蕭源個案是否冰山一角？正正因為缺乏監察，我們無從知曉。

問題四：高層有強烈政治立場

掌管公開試的人士理應專業中立，這樣才能提高公開試的可信度及公平性。可是，傳媒揭發原來一直由有強烈政治立場的人士把持考評局各個委員會的要職；亦有兩位有份參與擬題的高層因為發表仇恨及不當言論遭揭發而辭職，其中一位更是歷史科的評核發展部經理，長年是「歷史委員會」的當然委員。試問考評局怎能說服市民及同學，他們是中立專業的？而試題的設置沒有受他們的個人政治立場影響？

出事試題偏頗具引導性

回說這條引起軒然大波的歷史科試題，試題屬資料回應題，提供了兩段資料，要求考生回答「是否同意」「一九〇〇年至一九四五年間，日本為中國帶來的利多於弊。」，我仔細研讀了試題，認為題目偏頗而且具引導性，反映出題審題並不專業客觀。

首先，試題列出的時間段裏的最重要史實，就是日本侵華十四年，試題竟然隻字不提，令人費解。

第二，試題提供的兩段資料均屬瑣碎、片面及單向（有利於日本）。「資料C」提及一九〇五年日本法政大學辦課程為中國培養人才，但有專家指出，該速成課程只辦了五年，便於一九〇九年因為學生不足而停辦了。至於「資料D」引用了一九一二年「漢治平公司備款日金二百五十萬元，借予民國政府」的貸款合約。專家指合約其實共有三份，試題則從三份合約十九個條款中摘取兩條條款出來，頗為斷章取義。而且該貸款合約在孫中山辭任臨時大總統、袁世凱上台後已作廢。

那麼，在日本侵華的重要史實下，出題者為甚麼偏偏選取兩件有利日本的小事來切入「日本為中國帶來的利多於弊」？動機何在？

在五月二十五日的教育事務委員會特別會議上，考評局秘書長蘇國生向議員表示，根據初步檢閱，有百分之十七同學的答案中只提到有利，百分之三十八同學回答結論是利多於弊。如此高的百分比令人驚訝，除了引證試題的確具引導性，更反映課程及考評設計影響了同學的歷史觀，值得社會深思。

掌握史實更加重要

第三，「你是否同意」、「利多於弊」這些均屬通識化題型，並不適合中學歷史科的考試。有歷史科老師指出，歷史科要求同學有批判性思考云云，涉及科目的課程及評估指引，正正是教育通識化的核心禍害，需要正視。

我認為中學歷史科最重要是讓同學掌握基本歷史史實，例如教授第一次世界大戰的遠因、近因、過程及影響，雖然傳統卻是穩打穩紮的根基。至於要求同學研究、分析、批判不同的歷史觀，是大學課程，無須於中學揠苗助長。

及早改革考評局

總結而言，考評局決定刪題，只能算是危機公關，化解一時爭議。真正需要正視的是考評局這個獨立王國長年積累的問題，若不提高其透明度、加強監察、改革人事，即使今屆過去，往後的試題仍將如出一轍。

二〇二〇年五月二十五日《經濟通》

審視自資院校的長遠發展

二〇二〇年七月十七日，立法會財務委員會舉行本屆最後一次會議，通過了不少項目。其中包括教育局的項目，內容大致為：（一）向每名自資專上教育委員會非本地成員每年提供十六萬五千四百元酬金；（二）按日後的公務員薪酬調整，修訂（一）的非本地成員的酬金；及（三）撥十二億六千萬元推行「自資專上教育提升及啟動補助金計劃」。新政策表面上無可厚非，尤其非本地成員均是長途跋涉從國外到港履行職務，此番薪酬調整安排合理。

不過，本港高等教育存有不少問題，我認為還需全面審視以助其長遠發展。二〇〇九年金融危機後，時任行政長官曾蔭權提出包括教育在內的所謂六大產業。此後，很多希望發展高等教育的人士及組織便不斷開辦自資院校或新課程。近年得見自資院校增長之快有如雨後春筍，目前合共有二十九所，實際收生有約三萬二千五百人，比每年大學教資會資助不足兩萬的學位還多。

首先，把教育視為產業已是既錯誤又短視的觀念。難道要讓院校像一盤生意般營運，事事以利潤為先嗎？難道一些重要卻冷門的學科乏人問津便要停辦嗎？那麼學生如何獲得高階知識，又如何提高學術研究水平？

再者，自資院校過度膨脹致使質素參差，詬病已久。有較成功者如香港恒生大學，亦有收生不足一百人的院校。一些自資院校的課程與教資會資助大學提供的課程重疊，長久下去將造成學位氾濫。部份院校的課程水準更未能達標。要知道，自資院校的學生投放了大量時間及金錢修讀，若畢業後學生的職業前途因上述問題未能受到保障，所謂學位只會是假希望。自資院校應聽取二〇一八年，由張炳良教授帶領的檢討自資專上教育專責小組的建議，為各類課程作清晰定位，並制定策略性發展計劃。

二〇二〇年七月二十二日《明報》〈三言堂〉

教科書及教材的編製問題

立法會教育事務委員會召開會期最後一次會議，討論幼稚園、中小學教科書及教材編製議程。這項議程原定於二〇二〇年六月二十九日舉行的特別會議中討論，但由於當時人數不足而流會。教育局局長表示有關職業教育以及STEM教育報告的議程並沒有時間性，可以押後討論，於是我便修改會議議程，在第二項討論幼稚園、中小學教科書及教材編製議程，此舉引起泛民議員的強烈抗議。

我已就此徵詢法律意見，回覆是根據《議事規則》第七十七（十一）條，事務委員會須在事務委員會主席決定的日期、時間及地點舉行會議。因此立法會事務委員會主席是可以決定日期、時間及地點，甚至議程。《議事規則》第七十九C條訂明，任何委員會的會議議程須由其主席決定，除非其副主席（如有的話）已根據《議事規則》第七十九B條作了決定，則屬例外。但這次會議委員會副主席並沒有執行相關事宜，如此一來便由主席決定，《議事規則》寫得相當清楚，我是合法行使相關權力。

我相信泛民議員憤怒的主要原因，是他們不願意公開討論教科書及教材編製的問題。立法會教育事務委員會已通過成立一個小組委員會討論相關問題，自從二〇二〇年二月開始至今已召開三次會議，由最資深的梁耀忠議員主持卻無法選出主席，他明顯是採取與郭榮鏗議員同樣的手段，一直讓眾多報名參選主席的議員輪流發表政綱、提出規程問題等，拖延至今一直未能選出主席。雖然梁議員於七月十三日安排了第四次會議，但我相信屆時也不會選出主席。由於多月來我及多位建制派議員均收到大量家長投訴、教科書及教材資料出問題，因此我便安排特別會議，討論幼稚園、中小學教科書及教材編製的議程。

一如所料，泛民議員在會議上反應非常激烈，提出多項規程問題，最後更花了接近四十五分鐘來處理，期間，毛孟靜議員發表歧視年齡的言論、譚文豪議員及許智峯議員不斷對我刻意作出揶揄及人身攻擊。此外陳淑莊議員亦以其一貫作風，於教育局副局長蔡若蓮介紹文件時，不斷在座位上拍枱叫囂、提出規程問題，其實根據《議事規則》，任何議員需要發言應該舉手示意，主席同意後才安排他們發言。

許智峯議員及黃碧雲議員甚至在會議期間橫過會議室，突然衝向主席台。黃碧雲議員走到主席台前叫囂及搶咪、許智峯議員甚至動手橫掃我放在枱面上的水杯，導致水濺在我身上，幸好水杯沒有打破，不然隨時會對我及身邊同事造成損傷。這些議員的行為明顯違反《議事規則》，縱使他們如何不滿或有不同意見，也不應該在議事堂上使用冒犯性語言，更不應該衝到主席台前大吵大罵。

由於他們嚴重違反《議事規則》，最後我只好無奈地將上述四人驅逐離開議事廳，期間會議曾中斷十多分鐘。豈料復會後許智峯議員竟然再次試圖衝向主席台，幸好被秘書處保安攔截，不然也不知許議員會作出甚麼破壞或攻擊性的行為。

一輪擾攘後，教育事務委員會最終成功進入議程，於第二項幼稚園、中小學教科書及教材編製議程，有十多名議員提問，時間合共超過一小時。容海恩議員羅列了一些有問題的教科書以及教材詢問教育局，但從教育局的回覆可見，監管非常粗疏。例如通識科在二〇一九年才終於設諮詢服務，讓教科書商自願送審，教育局只是隨意審查一些教科書，對於校本的教學材料，或者某些老師隨意在媒體或網上下載教學內容、自創工作紙等，情況一如教育局局長過去曾說由於數量太多，課程變化太快，該局根本沒有能力監管。

總括來說，會議突出了兩個重點。首先是葉建源議員立場明顯，就是堅決要將教科書及教材的公開討論「滅聲」。我想在此一問：為甚麼他完全不願意開放讓大家公開討論教科書及教材？是否這些教材不見得光？不然的話他為甚麼如此害怕公開討論？

第二點就是教育局的把關工作有極大改善空間。教育局只懂得將責任推向學校，甚麼也推說是「校本」，將責任推卸給老師及學校。我懷疑某些老師的教材根本沒有 fact check，甚至會撰寫一些具誤導性的試題、向學生提供具引導性的工作紙，這些都是非常不負責任以及有違教師專業操守的。

教育局看來對這些問題束手無策，甚至沒有監管意識，我認為該局日後必須要嚴加把關，正視相關問題。

二〇二〇年七月四日 facebook

為何教科書那麼昂貴

隨着新冠肺炎疫情有放緩跡象，教育局於二〇二〇年八月三十一日宣佈學校分兩階段恢復面授課堂，中小學一、五、六年級及幼稚園高班，於九月二十三日復課，其餘班級於九月二十九日復課。

我記得每逢開學，都收到家長投訴購買教科書的費用高昂。記得多年前，現任立法會秘書長、時任教育局副局長陳維安負責研究推出電子教科書，當時社會普遍認為電子教科書的成本較便宜，可減低家長的購書負擔。可惜因為各種客觀及技術因素，例如每個學生均需擁有平板電腦、需要出版商投資開發、學校網絡能否支援等等，始終沒有落實。

回想我小時候，當時並沒有教科書價格高昂的問題。當年我會考及高考時均有選修歷史科，當年歷史科的課程主要是歐美史。中一至中五的課程由希臘、羅馬歷史開始，到中世紀、文藝復興及一些英國的歷史，最後到一八七〇年德國及意大利統一。預科的課程則由法國大革命開始，一直至第二次世界大戰。

曾出任大學教育資助委員會主席的林李翹如博士，在我中一開始便擔任我的歷史科教師。當年我們讀的是全英聯邦均使用的教科書，全部由著名史學家撰寫的英國名著，例如 David Thomson 的 *Europe Since Napoleon* 及 A. J. P. Taylor 的 *The Origins of the Second World War*，內容不會年年更新，因此不用購買全新書籍，可以選購價格便宜的二手書。畢業後又可以將書籍賣出去，或交給選讀同科的弟妹。如修讀英國文學的話，選讀的經典名著如珍奧斯汀（Jane Austen）的《傲慢與偏見》（*Pride and Prejudice*）等文學巨著，內容亦不會年年更新，因而省卻不少購買新書的費用。

今時今日，家長經常投訴教科書昂貴，教育局顯得束手無策。出版商解釋，教科書內容依據教育局課程設計而更新，例如通識課程六大元素：個人成長與人際關係、今日香港、現代中國、全球化、公共衛生及能源科技與環境，所涉獵的內容既寬且廣，而且十分具時事性，事情不斷發展，教科書便不斷更新改版。很多出版社也每個範疇出版一冊教科書，家長的經濟負擔就以六倍計。

例如我拜讀了某出版社的通識教科書，發現其對「全球化」的定義頗為膚淺——「是一個國與國之間，時間與空間的限制減少的情況。每個地方之間的交流因而變得更頻密，令全球一體化」，又以NBA球星全球受歡迎作為例子。課文沒有指出該定義出自何處，更沒引經據典，大有可能只是作者的個人看法，這並非編寫教科書的應有之道。說到全球化，我認為應由第二次世界大戰結束後成立的關稅暨貿易總協定（GATT）說起，再到後來的世界貿易組織（WTO）經過多輪討論，取消關稅及非關稅的障礙，將貿易及投資自由化，才能推動；並不適合以幾個詞彙或通俗例子來說明。而最近美國要與中國脫鈎，美國要求在中國設立公司的美商撤出中國，全球兩個最大經濟體要脫鈎，是對全球化的一大衝擊，因應這些發展，相信下年度的教科書又會改版了。

又例如「公共衞生」這範疇，現時教科書以「沙士」（SARS）為主要內容，但現在新型冠狀肺炎肆虐全球，來年教科書要改版加入相關內容也可理解。即使在「能源科技與環境」方面，隨着時代與科技進步，一些過往是正確的科學理論現在可能已被推翻，教科書又要更新了。

諷刺的是，有家長告訴我，他們花了千多元購買教科書，但老師最後卻採用自行編製的校本教材。同時出版商則投訴學校抄襲不同教科書的內容來編製校本教材，其實有侵犯版權之嫌。單是教科書便出那麼多問題，難怪有人說香港的通識科，是「山寨式」通識，教材亦是「山寨式」教材。

二〇二〇年九月五日及八日《明報》〈三言堂〉

關注香港特殊教育

二〇二一年一月二十八日，我獲邀參觀位於鑽石山鳳德邨的禮賢會恩慈學校。這所擁有接近四十年歷史的特殊教育學校，主要招收中度智障的學童，為他們提供小一至中六課程。

這所學校主要為智障學生提供特殊教學，除讓他們學習自理、適應生活外，亦希望讓他們學得一技之長，畢業後能投身社會，故該校的設施及人力架構，均與一般學校有很大分別。

謝慶生校長帶我參觀多個特別設施。其中我印象最深刻的，是模擬超級市場及美容院環境的情景室。對部份學生來說，到超級市場購物，是需要透過訓練才能學會，所以學校便在一個課室內放滿貨架和物品，並設有收銀機等，模擬出真實超市的環境。

另外，美容院的場景是為了讓學生學習專業技能，希望他們畢業後能投身美容業。

據謝校長所說，該校有部份學生成功到市面上的美容院實習，更獲得取錄，令他們非常雀躍。事實上，過去大部份畢業同學都是在庇護工場工作，一來工作比較枯燥，二來庇護工場現在也面臨萎縮的問題，故校方一直希望能培養學生有不同技能，讓他們適應社會。

當然，要讓學生成功融入社會，更重要是獲得社會接納。故此，校方開設了一所小店，名為「恩慈士多」。這所由一部舊巴士改裝成的小店，主要售賣基本用品及食品，目的正是希望透過市民與學生接觸，更加認識及了解他們，排除偏見。由此可見，特殊教育的任務，遠遠不止於傳統的課堂教授。

謝校長表示，校內有兩個非常重要的任務，第一個是招生。因每位學生的情況都不同，他們需作出評估，設計出個人化的學習課程。而另一個則是處理學生畢業後的前途問題，例如協助他們求職，解決生活問題等。

雖然特區政府早前為特殊學校增加撥款，但其實每所學校依然面對不同問題。以該校為例，最大問題是空間不足。因每名學生都有不同需要，學習不同科目，故所需空間遠遠比傳統學校為大。我去到校內一個名叫「伊甸園」的小禮堂，裏面設有一個playhouse內常見的大型攀爬架。謝校長表示，因該校學生甚少機會到商場的playhouse玩耍，故當區內商店願意捐贈，便決定將這個孩子非常喜歡的遊樂設施搬到學校小禮堂內。「伊甸園」開設後，廣受同學歡迎，讓他們得以享受快樂的童年。但問題是，這設施佔了很大空間。即使校方希望做得更多，讓學生能更愉快地成長，但空間所限，有時也實在有心無力。

而目前學校面對的最大挑戰，自然是在疫情之下，如何讓學生繼續學習。眾所周知，即使在一般學校，透過視像上網課都已經有很多問題，更何況是需要專業技能和訓練的特殊教育？

我也是媽媽，感受當然特別深刻。照顧子女並不容易，當子女有特殊需要，更加不容易。在疫情下，家長更需要付出額外的精力，心情難免低落。早前有一宗不幸的新聞，指一名家長因照顧智障兒子的壓力太大，選擇一起自盡，實在令人難過。我呼籲各位家長，若不堪壓力，請務必向專業人士求助。

我作為立法會教育事務委員會成員之一，一直有監察政府照顧特殊學校的需要。過去張超雄前議員在席時，我亦一直支持他對特殊教育的建議。我認為，隨着政府於二〇一八年增加特殊教育撥款，並於二〇二〇年行政長官《施政報告》中，表示將增加特殊教育學額，目前最重要的工作是如何落實，資源要用得其所。

但我認為，除金錢外，要辦好特殊教育，更重要是愛心及關懷。要讓社會普遍接納智障人士，仍有一段漫長的路要走。我將會在立法會內密切監督政府，為弱勢社群盡一分綿力。

二〇二一年一月二十八日 facebook

香港科技發展的坎坷歷史

香港的科技發展歷史可謂非常坎坷。記得我擔任工業署署長時，香港的輕工業稱霸全球。當時成衣廠和紡織廠遍佈港九新界，由於出產量龐大，若單以數量為比較指標，香港的紡織成衣業屬世界第一。同時，榮獲諾貝爾物理學獎並有「光纖通訊之父」之稱的高錕教授，偕同著名物理學家楊綱凱教授撰寫了 *Technology Road Maps For Hong Kong: An In-Depth Study Of Four Technology Areas* 一書，探討香港的科技發展前途。

此書於一九九一年出版，當時兩位教授已留意到香港的生產成本愈來愈高，勞工短缺，再者遇上內地改革開放，人手多且成本划算，吸引不少工廠遷至珠三角發展。他們於書中預示輕工業將式微，建議香港轉型，推動以科技為本的產業向高端發展。當中可持續發展的產業有四種，分別為資訊科技（information technology）、生物科技（biotechnology）、材料科技（materials technology）及環境科技（environmental technology）。可惜，二十多年來這些產業並無重大發展，特區政府要到二〇一五年才成功設立創新及科技局，近年方推行再工業化資助計劃及建設微電子中心等等，步伐相當緩慢。

書中提到的四種產業均需要支援發展。在研究開發（R&D）方面需要資金，讓大學和有關機構推展尖端研究，同時也需要大量優秀科研人才。因此，特區政府投放多少資金、如何吸引投資、怎樣吸引人才，均對科技產業的發展至關重要。

鄰近的新加坡政府一直大力推動高科技產業，美國希捷科技公司更於二〇一六年在當地成功營運其設計和研發中心，主要研究硬盤（HDD），鞏固了新加坡作為先進數據存儲研發中心的地位。相對地，即使香港科技大學於一九九三年已建立互聯網服務供應商 Hong Kong Supernet，卻未能為香港的年輕人帶來創科希望。Hong Kong Supernet 早已轉售予新加坡公司發展，加上本港理科高材生多選讀醫科等專科科目，香港缺乏本地創科人才，成為推動高新科技發展的隱憂。

對比香港，美國一些地區如矽谷等的氛圍更能鼓勵年輕人創業。不少年輕人在當地成功創業。譬如，曾以打印技術享譽全球的惠普（HP）起初是由兩名史丹福大學生（Bill

Hewlett 和 David Packard）在車庫創業，後來發展成大型跨國科技公司；曾於香港求學的華裔企業家林傑屏先生成功創辦 Lam Research，專門生產半導體晶片上的集成電路。此外一些聞名世界的企業，如 facebook、Google、Apple 等總部均在矽谷雲集。矽谷的成功帶給年輕科技人才希望，美國學者 AnnaLee Saxenian 撰寫 *The New Argonauts* 一書深入研究矽谷的優勢，指出近年不少國家和地區，如新加坡、台灣等地爭相複製「矽谷模式」，投入大量資源大力推動高端科技產業。

以往，美國的創業和生產成本低，年輕人能輕鬆創業。然而，隨着成本愈來愈高，不少科技公司，特別是生產硬體的，如半導體晶片企業，都選擇遷至成本較低的地方。很多當地政府願意落實相應的政策配合。廣為人知的例子便是台積電集團。當年張忠謀先生把生產半導體晶片的技術從美國引入台灣。半導體生產過程複雜，需要大量資金支援發展，而台灣政府願意提供資助，張忠謀遂成立台積電，逐漸發展成世界上最大型的晶圓代工半導體製造商之一，並於美國上市。

回看香港，在我擔任工業署署長時，摩托羅拉旗下的萬力在香港開設了三座半導體測試和裝嵌工廠。上世紀八九十年代的香港生產成本低，且擁有優秀科技人才，一度可憑自身優勢吸引更多如萬力般的高端科技產業來港發展。可惜歷屆政府未有落實有力的政策支援此類企業，讓它們持續發展。

相比之下，中國支持創科，模仿「矽谷模式」打造高科技園區，例如北京中關村、上海浦東張江等。如今深圳科技巨企林立，更能彰顯中國發展創科的成就。而近年中央政府推動粵港澳大灣區的目標便是效法三藩市灣區的發展模式，希望能以科技及創新為區域帶來龐大經濟效益。

二〇二〇年五月二十日及二十三日《明報》〈三言堂〉

科技產業的成功要素

很多亞洲地區希望複製「矽谷模式」，有的非常成功，有的即使投放大量資源仍沒有真正成就。有學者研究怎樣才能推動科技發展。香港中文大學前校長劉遵義教授編著的學術論文集 *Models of Development* 探討亞洲的經濟發展模式，特別選取台灣和韓國作為研究對象。

綜合多位學者的研究，我認為要推動以科技為本的產業發展需要幾個因素。首先，政府要訂立工業政策，而且必須與時並進。政府制定政策時除需審時度勢，深刻檢討當地的競爭以及比較優勢，才能判斷自身的條件適合何種產業發展。政府亦需要投放資源支持大學及研究所進行核心的前沿科技（frontier technology）及基礎研究（fundamental research）。另外，政府也要支持廠商進行應用科技（applied science and technology）的研究，為產業革新鋪路。例如彈性衣物便是廠商通過應用彈性纖維（stretch fabric），加以不斷革新才成功研發和製造的。

以日本為例，其工業發展過程便是選擇了具優勢的產業，透過與商界緊密合作，然後投放資源支持其發展。戰後的日本已經做到了，政府致力發展汽車、電器產品、紡織及製衣業等，從中選取幾家企業，如豐田汽車、本田汽車等大力扶植，並使它們成為國產市場的冠軍。日本政府施加高昂的關稅保護市場，使國民對進口貨品的需求下降。等到這些企業壯大後，便再對外大量輸出產品，打入國際市場。記得八十年代我仍在美國求學時，這些企業可謂稱霸當地市場。

以新加坡作比較，雖然與香港一樣都是細小而開放型經濟體，且生產成本高，但透過政府的介入及支持，其製造業（包括電子和精密工程等）已能維持每年貢獻百分之二十至百分之二十五給國內生產總值。

香港相對起步遲，根據《二〇一八年香港創新活動統計》，本港總研發開支按年增長百分之十，只佔本地生產總值的百分之零點八六。二〇二〇年的財政預算案雖增加多項政策推動創科，但支援依然不足，相信香港在科技產業上仍難有很大的發展空間。

二〇二〇年五月二十六日《明報》〈三言堂〉

特區政府的科技政策

制定科技政策於特區政府而言素來是棘手的問題，原因是政府長久以來奉行「大市場，小政府」原則，鮮少干預市場運作。很多著名經濟學家篤信在此原則下供求自動配合，自由市場「自動波」推動經濟發展。當年諾貝爾經濟學得獎者米爾頓佛利民（Milton Friedman）拍攝電視節目 *Free to Choose* 時解釋何謂自由市場經濟，其中一集便挑選香港為例子，闡述其如何憑自由市場創造財富。

政府一直不願打破這個傳統的致勝理念。到一九九〇年代中葉，輕工業如紡織與製衣業等北移，香港經濟開始轉型，政府也沒有意識到要選取本地具優勢的科技產業並大力扶植，從而發展科技產業。雖然我擔任工業署署長時，末代港督彭定康明白半導體產業的重要，支持我游說摩托羅拉來港設立半導體晶圓廠，可是當時因條件不足未能成事，錯失發展的機會。

香港回歸後，全球進入數碼時代，本港落後其他國家和地區的步伐，缺乏科技及創新，成為致命短板。歸根究柢是特區政府官員欠缺發展科技產業的知識。早年只有由「官場神童」鄺其志帶領的資訊科技及廣播局曾負責規管電訊業和廣播業。二〇〇二年特區政府成立工商及科技局，有推動科技產業發展之意，但該局於二〇〇七年重組成為商務及經濟發展局，往後只主力推動商貿、旅遊、服務行業等等。特區政府「去科技化」，資訊科技界淪為「孤兒」。記得二〇〇七年時我偕同多位業界人士在舊立法會大樓外抗議。加上特區政府中甚少官員是科技界出身，未能掌握科技發展的政策要素。即使特區政府於二〇一五年終於成立了創新及科技局，大力投放資源推動科技產業，可惜為時已晚。

二〇二〇年五月二十九日《明報》〈三言堂〉

推動科技發展作政策研究

戰後的香港孕育了很多工業界的翹楚。有全球最大啤機生產商之一的震雄集團，創辦人蔣震先生獲特區政府頒授最高榮譽大紫荊勳章；有經營肇豐針織的方氏家族，把針織業在本港發揚光大，甚至創辦 TOPPY 國際集團打造本地品牌，投放大量資源擴展至零售業，打入海外市場遠至美國，其家族成員方剛便是前立法會批發及零售界議員；更有生產電子學習產品、無線電話及電子製造服務供應商的偉易達集團，至今仍是該領域的佼佼者。

在擔任工業署署長時，我已意識到香港的傳統輕工業北移後，本港將出現「工業空洞化」（hollowing out）的危機，情況與日本相若。日本推動發展汽車業成功後，生產成本日益昂貴，不少企業要另尋生產成本較低的地方，把廠房搬至印尼、泰國等地。這樣把生產線外移卻導致本地人失業及產業結構收窄。當時，一批有心人希望能更有效地推動香港工業，使整個行業朝着高增值和高科技方向發展，於是合資支持工業署邀請美國麻省理工學院的學者為香港做一個全面研究，探討香港未來工業發展的路向。

研究集結成書籍 *Made by Hong Kong* 並於一九九七年出版。學者們指出香港本地生產式微。香港已轉型為統籌內地及亞洲各地製造業的樞紐。生產於內地或國外其他地區進行，設計和外銷則在香港進行。此外，書中亦建議生物科技、資訊科技等產業應如何在香港持續發展。然而研究面世後，特區政府並沒有跟進。歷屆官員及不少商界人士只信奉「hi-tech 指嘢，low-tech 撈嘢」，認為在研究開發（R&D）方面投放資源非常不值，沒有跟隨全球潮流推動製造業向高產值發展，使香港今日成為以服務業為主的經濟體。

從美國回流後，我創立了匯賢智庫，矢志研究如何推動香港的科技發展。匯賢智庫邀請了多名頂尖大學的學者研究並編著書籍 *Innovation Policy and the Limits of Laissez-faire*。書中指出政府沿用的積極不干預政策早已過時，應主動了解香港經濟轉型面對的挑戰，投放資源研究如何利用科技使香港的工業「升級」，由利潤較薄的 OEM（代工生產）轉為

ODM（設計代工）和OBM（自有品牌生產），及找出具有優勢的新產業。

香港輕工業黃金時代的模式為OEM，當時成衣廠多按外國品牌指示生產。現在，如蘋果公司的iPhone，發明和設計均由蘋果公司完成，然後向富士康下單為其生產。ODM是指廠方接單後，為下單方提供從設計到生產的服務。

最大產值的莫過於OBM，即生產方打造自己的品牌，從設計到生產一切均由自己的公司主導，並且加以推廣。由此可見，只有打造擁有專利的品牌或技術方能獲取較大產值，原因是企業可透過專利權維持獨特性，因而創造較大產值。

香港有不少優秀的製造商，例如塑膠玩具製造商永和實業集團、成衣製造商聯業集團等，早已把生產線北移至佛山、東莞一帶。即使近年美國對中國進口貨品增加關稅，他們也未必把生產線遷至不受影響的地方，相信主要原因之一是考慮到生產技術的要求及供應配套的問題。

回看香港，九十年代輕工業北移後，我已思考如何推動傳統接單生產模式升級為利用高新科技提升產值。我更曾辛苦約見時任財政司司長曾俊華先生接收上述書籍，可惜贈與後沒有下文。歷屆政府均欠缺推動相關政策的視野及魄力。今天香港推動「再工業化」，我認為黃金時期已過，政府現應研究如何鼓勵政府內部多用科技，及扶植有優勢的產業，如金融科技及醫療產業。

二〇二〇年六月一日及四日《明報》〈三言堂〉

配合「十四五」新局　港應力谷科技產業

二〇二〇年十月二十九日，第十九屆五中全會在北京閉幕，會議審議通過了國家的「第十四個五年規劃」，為國家的未來五年發展定調；而在「公報」中有關香港的表述，則因為只有「要保持香港、澳門長期繁榮穩定」短短十三個字，引起各種解讀，有說已沒提及「一國兩制」，甚至揣測及憂慮中央政府不再重視香港，擔心香港被邊緣化等等。

我認為上述分析過於片面。每次這類會議或國家領導人的重要講話中提及港澳，都反映中央領導人的最新思維，而要理解當中深意，香港如何配合推進，需看全局。

正如二〇一九年十月舉行的第十九屆四中全會，一句「建立健全特別行政區維護國家安全的法律制度和執行機制」，二十五個字反映香港回歸以來遲遲未就廿三條自行立法，存在國家安全的短板及法律漏洞，掀開《港區國安法》的序幕。二〇二〇年五月，人大會議審議了《港區國安法》的議案。六月三十日，《港區國安法》便在香港正式實施，同時成立了中央駐港國安公署、特區政府國家安全委員會等等。隨後陸續有反對派、港獨派及勇武派活躍分子涉嫌干犯《港區國安法》被捕。對中央政府來説，《港區國安法》算是成功落地，穩住了局面。

香港是在這樣的背景下，迎來五中全會那十三字箴言的。我認同有內地學者分析，指「一國兩制」的基本格局沒有變，「長期繁榮穩定」是香港必須維持的狀態，更重要的是，香港如何在國家建構更高水平對外開放格局及雙循環新發展格局中，更有作為。

棄粗放型經濟　科技創新成重點

五中全會提出「堅持創新」、「科技自立自強」、「面向世界科技前沿」、「加快建設科技強國」、「強化國家戰略科技力量」、「提升企業技術創新能力」、「激發人才創新活力」等重要方向。五中全會後，國家主席習近平於第三屆世界頂尖科學家論壇作視像致辭，也是強調「高度重視科技創新工作，堅持把創新作為引領發展的第一動力」。

說來說去，重點詞就是「科技創新」，反映國家未來的發展重點，已擺脫過往粗放型經濟發展模式及高速增長的態勢，開始調整至重質多於重量，達致提高人民各方各面生活水平的目標。

在這個格局下，香港應該怎樣作為？我認為，在既有優勢之上改革、創新、提升水平，是必須的、重要的。這樣才能做到五中全會提出的「在危機中育先機，於變局中開新局」。

例如行政長官於十月三十日與廣東省省長簽署落實《粵港合作框架協議二〇二〇》便是好的開始。粵港兩地將共同推進八大範疇共五十七項措施，包括「共建國際科技創新中心」、「打造國際化營商環境」等等。香港大可好好運用既有的國際化優勢及科研環境，引進更多國際化科技專才及學者，打造高端科技產業，以及加快發展落馬洲河套區「港深創新及科技園」，都會有利粵港合作，有利香港高新科技的長遠發展。

總括而言，我認為國家今後的惠港政策，不會再像二〇〇三年那樣送來大量自由行旅客，反而會注重如何讓香港融入國家科技創新的發展大局。

二〇二〇年十一月三日《經濟日報》

港交所提升上市盈利要求犯眾怒

港交所在二〇二〇年十一月開始進行兩個月諮詢，建議提升上市公司的盈利要求，方案有二。

現時，公司在主板上市的三年稅後盈利合計金額為不少於五千萬港元，而新建議的方案一則將盈利規定調高百分之一百五十，要求主板上市公司三年稅後盈利合計金額不少於一億二千五百萬港元。方案二更辣，將盈利規定調高百分之二百，要求主板上市公司三年稅後盈利合計金額不少於一億五千萬港元。事實上，港交所在《二〇一七年諮詢總結》刊發後，已經大幅提升上市公司的市值規定，自二〇一八年二月十五日起由二億港元調高至五億港元，但當時盈利規定保持不變，因此觸發港交所是次提出大幅提升盈利要求的建議。

相比全球主要市場，就上市公司三年合計盈利的金額，紐約交易所要求的最低金額為九千三百萬港元，納斯達克證券交易所則為八千五百萬港元，上海證券交易所為三千五百萬港元，澳洲交易所只是六百萬港元，而金融市場行為監管局（高級上市證券）更沒有三年合計盈利的規定。可見，上述的新方案一旦通過，香港將成為「上市公司盈利要求」全球最高的股票市場。再對比鄰近的新加坡，新交所規定主板上市公司最近一個財政年度的盈利不低於一億七千萬港元，但新交所的要求是指稅前利潤，而港交所新方案的盈利要求是指稅後利潤。

二〇一六年至二〇一九年間共有七百四十五所公司申請主板上市，這些申請符合現時的盈利要求，即三年稅後盈利合計金額不少於五千萬港元。如果港交所建議的方案一獲得通過，即主板上市公司的盈利規定調高百分之一百五十，屆時將有四百三十七所公司的申請不符合上市資格。如果方案二獲得通過，盈利規定調高百分之二百，則將有四百八十六所公司的申請不合格。這說明港交所的建議方案將扼殺本地中小企透過上市集資成長的空間。

業界包括保薦人、律師、會計師等皆對港交所的建議方案表示強烈反對。業界指港交所的建議，主要吸納跨國巨企及新經濟公司落戶港股，當中包括採用同股不同權架構的大型科技公司，甚至上市時未有收入（pre-revenue）的生物科技公司，反而健康營運並持續有盈利的本地中小企，只因不符合高額的市值及盈利要求，將被排除在市場之外。

相比國際其他主要交易所，例如美國的紐約證券交易所和納斯達克證券交易所，兩者由不同公司持有，港交所則是經營香港資本市場的唯一機構，並全資擁有香港聯合交易所有限公司（聯交所）、香港期貨交易所有限公司（期交所）、香港中央結算有限公司。港交所作為壟斷的公用事業機構，同時是一所上市公司，難免有角色衝突之嫌。業界指港交所不斷提升上市門檻，令主板成為巨企的專屬樂園，目的是利好港交所的股價，同時反映港交所管理層重視成就感。截至二〇二〇年十一月底，共有二千五百二十八所公司在港交所主板上市，市值合共四十五萬七千四百億港元；相比同期新加坡交易所，共有四百七十九所公司在其主板上市，市值合共四萬八千九百三十億港元，只是港交所成績的十分之一。

港交所集經營及監管資本市場的角色於一身，其在諮詢文件指出，是次提升盈利要求的主要目的是要杜絕低市值發行人「為取得上市地位附帶的價值而製造潛在的空殼公司於上市後出售」，以免有公司在上市後不久即股價大跌，損害投資者利益。然而，參考《香港交易所與生物科技》第三期期刊，截至二〇二〇年四月底港交所迎來十六所未有收入的生物科技公司上市，當中九所的股價跌穿招股價，其中一所的股價甚至比招股價下跌百分之八十。不禁令人深思港交所的監管措施能否真正保障投資者，乃至有益於整個香港資本市場的發展。

港交所在諮詢文件指出，二〇一六至二〇一九年間共有七百四十五項上市申請，其中三百八十二項（百分之五十一）來自低市值發行人，一般都是傳統行業的中小型公司，由此可見，本地中小企對於上市集資的需求非常殷切。中小企是本地經濟和勞工市場的重要支柱，據工業貿易署資料，截至二〇二〇年六月，香港的中小企超過三十四萬間，從業員超過一百二十萬人，相等於本地就業人口的百分之四十五。港交所建議提升上市公司的盈利要求，除了扼殺本地中小企透過上市集資成長的空間，特別在現時經濟差的狀況下，同時影響保薦人、律師、會計師、核數師、印刷商、公關等上市相關行業人士的生計。

至於原本為低市值發行人而設的創業板（GEM）亦被業界人士批評為監管過度，例如創業板的上市公司必須每季提交報告，相比主板的上市公司每年只須提交中期和週年報告的要求更高。而自二〇〇八年起，港交所逐漸將 GEM 的上市條件加辣，不斷增加本地中小企的上市成本。二〇〇八年，GEM 上市公司營運資金的最低現金流要求是二千萬港元，至二〇一八年已升至三千萬港元。再加上，港交所在二〇一七年十二月發表《創業板規則》的修訂，取消 GEM 發行人轉往主板上市的簡化轉板申請程序，令 GEM 將成為獨立市場，不再是轉往主板的踏腳石，進一步減低中小企在 GEM 上市的意欲。事實上，二〇一九年只有十五間公司成功在 GEM 上市，二〇二〇年首十一個月更只有八間。

港交所指出，是次建議提升盈利要求主要杜絕低市值發行人製造空殼公司於上市後出售。其實，打擊空殼公司屬於證監會的執法範疇。再者，借殼上市的業績近年在海外主要交易所高速成長，特殊目的收購公司（SPAC）在二〇二〇年佔美國全國 IPO 集資額的一半，高達八百二十億美元。

香港作為國際金融中心，理應緊貼世界最新趨勢，重新評估空殼公司對資本市場的長遠價值。政府亦應暫停執行港交所的建議，並就香港資本市場的結構作全面檢討，並研究成立一個新板塊，讓本地的中小企及新興企業上市，令香港的資本市場可以有機地、多元化地，及可持續地發展起來。

二〇二一年二月二日、五日及八日《明報》〈三言堂〉

戒財務大花筒　海洋公園一博重生

這一年，海洋公園的存亡問題，鬧得沸沸揚揚。繼立法會財委會於二〇二〇年五月通過撥款五十四億元，讓海洋公園續命一年後，特區政府再於二〇二一年一月二十五日向立法會經濟發展事務委員會介紹海洋公園的「重生方案」，包括：

一、向海洋公園提供一筆過十六億七千萬元撥款；

二、未來四年，每年向海洋公園撥款最多二億八千萬元作教育及保育工作，合共最多十一億二千萬元；

三、海洋公園欠特區政府的債務，特區政府建議將還款期由二〇二一年九月延至二〇二八年九月才開始還款，限期延至二〇五九年，並且在二〇二一年七月起免息。

會議上，議員踴躍發言，主要關注海洋公園將來能否達致收支平衡、自負盈虧；坊間討論更熱烈，有意見形容海洋公園是黑洞、無底深潭，與其苟延殘喘，不如關門大吉，有靚地不如建屋等等，建議莫衷一是。

倘結業　四十一億水上樂園恐泡湯

在我看來，海洋公園畢竟是象徵香港的招牌景點之一，若就此結業，不單是損失一個景點那麼簡單，還要考慮其他負面影響。

首先，雖然有超支、有延誤，總花費四十一億元的大樹灣水上樂園經已建成，並計劃本年開幕，裏面的人造滑浪池、infinity pool 等設施，相信會受市民歡迎。若海洋公園結業，是不是任由水上樂園荒廢，或未開業便清拆，任由四十一億元泡湯？若把水上樂園外判予內地或境外營辦商來營運，港人會否更反感？

園內逾七千動物　處理成難題

第二，海洋公園一旦結業，園內的七千多動物便成孤兒，後續處理相當複雜，難道將牠們逐一遣返原居地？屆時「香港連動物也養不了」會否成為國際頭條？再者，香港實在欠缺讓一家大細接觸動物、海洋生物的地方，若連海洋公園也沒有了，下一代的教養也將有缺失。

第三，別忘記海洋公園還有千多名員工！香港在疫下失業率已持續高升，若海洋公園結業，這千多名員工的遣散及生計問題，同樣值得關注。

第四，回顧歷史，海洋公園其實不是求賺大錢的生意，它是七十年代麥理浩港督的德政，目標是為香港人提供一個樂園。當時，港英政府要求香港賽馬會出資一億五千萬元，花了四年半時間興建，於一九七七年開幕；之後，馬會再於一九八二年撥款二億四千萬元，進行第二期發展計劃，興建水上樂園、登山電梯等設施；再後來，特區政府於一九八七年通過《海洋公園公司條例》成立海洋公園公司，海洋公園才走上商業經營的道路。

若不過份擴張　仍值得留低

不過，即使在最高峰的自由行年代，海洋公園的年盈利也不過一億二千七百萬元而已（二〇一二／二〇一三年度）。所以，若將來海洋公園不過份擴張及盲目追求盈利，仍值得留低。

另一方面，海洋公園的「重生方案」，努力減債、開源、節流、變換營運模式，我認為方向正確，值得奮力一博：

一、減債方面，如上文所述，特區政府把還款期限延至二〇五九年，讓海洋公園「減磅」。

二、「滑浪飛船」等七款老舊機動遊戲將退役，大大減低營運及維修開支。

三、山下園區主力「教育與保育」，將不收入場費，山上園區則逐項娛樂設施收費。我相信免費入場對市民有一定吸引力，屆時市民仍可參觀各動物館，光顧餐飲、零售或娛樂項目才要付費。

四、餐飲、零售及娛樂項目將外判給營辦商營運，海洋公園收取分成，這方法等同由營辦商包底經營，而且營辦商自會帶來各種吸引顧客、帶動生意的點子。

五、香港已有頗長的時間沒有大型水上樂園，大樹灣水上樂園的吸引力毋庸置疑。

源。

六、繼續利用優越的地理及海景優勢，把對海的地方打造成豪華露營場地，擴充客

七、海洋劇場拆卸後，原址將靈活變身為各類表演場地，可滿足中小型樂團、舞團、藝團，甚至瑜伽、拳擊等運動項目的場地需求。

以往海洋公園的營運方向走了歪路，毫無財務紀律，投資過度，財務管理失敗，才落得今日下場。若海洋公園獲得「重生」，必須戒掉過往「大花筒」的豪花壞習慣，削減營運開支，轉變營運模式，回歸教育與保育，好好地做香港人的樂園，我相信要達致收支平衡、自負盈虧，並不困難，因此，值得一博！

二〇二一年二月二日《經濟日報》

財困下《財政預算案》應開源節流

財政司司長於二〇二一年二月二十四日公佈本年度的《財政預算案》，在疫情持續肆虐，百業蕭條，經濟萎縮的大環境下，各方的注意力都是「有冇錢派」、「有冇糖派」、「有冇雙糧出」、「有冇退稅」或「有冇消費券」等等。市民手頭緊，有這些期待，可以理解。

今時唔同往日　財困難派錢

不過，所謂今時唔同往日，過去特區政府兩次派錢——二〇一一年派六千元、二〇二〇年派一萬大元——均是因為庫房有大量盈餘，有餘裕用現金博市民一笑。可是現在，特區政府手頭也很緊，財政司司長已預告本年度將有三千億財赤，庫房實在捉襟見肘。

有政黨建議派消費券，因為派現金的話市民可以把錢儲起不花，無助刺激消費，派消費券的話，市民必須使用，達到刺激經濟的目的。其實新民黨早於去年香港經濟低迷時，已向財政司司長提出派發消費券，可是時任財經事務及庫務局局長劉怡翔以多種技術性理由推搪過去，指消費券難以實施。如今局長已換人，希望派發消費券能成事。

有議員建議特區政府發債，但我認為發債較適合為基建項目融資，例如三橋一隧，投資者自會考慮該基建項目的回報而決定是否買入債券。但是，若以發債方式長期補貼財赤，便會把香港從長期盈餘的經濟體變成長期借貸的經濟體，不可行亦不值得。

外匯基金用不得

我亦留意到有學者表示，特區政府手上仍有八千億財政儲備及接近四萬億外匯基金，認為特區政府手頭寬裕，派錢無難度。我認為這種說法完全不了解外匯基金的用途。《香港法例》第六十六章《外匯基金條例》第三條第一款列明，外匯基金「由財政司司長掌有控制權，並須主要運用於財政司司長認為適當而直接或間接影響港幣匯價的目的」，第三條第一A款則列明「亦可為保持香港作為國際金融中心的地位，按其認為適當而運用外匯基金以保持香港貨幣金融體系的穩定健全」。

換句話説，如果好像一九九八年那樣，港幣被外國大鱷狙擊、拋空、從中牟利，特區政府便需要動用那龐大的外匯基金去擊退大鱷，以捍衛港幣匯價，保持香港貨幣金融體系的穩定健全。這才是外匯基金的用途，而不是用來「派錢」或彌補赤字的。

至於那八千億財政儲備，其實只相等於特區政府十二個月的開支，若不審慎理財，再掏空外匯基金，會造成災難性後果，財政司司長必須謹而慎之。

開源節流更重要

我認為在庫房緊絀的情況下，《財政預算案》更應注重如何開源節流，讓香港捱過經濟低迷。可惜以往人人豐衣足食，花錢人人愛，卻沒多少人願意慳、慳、慳，相關討論甚少。

建議政府減經營開支

節流方面，新民黨建議特區政府於二〇二一／二〇二二年度，減少政府經營開支百分之二。根據去年《財政預算案》的預測，本年度的經營開支為五千六百八十一億，減少百分之二即等於節省一百一十四億元，相當可觀。我認為騰出的資源應重新分配，用於有需要的市民身上，例如濟助短期失業人士。

上調股票買賣印花稅　增四百億收入

開源方面，我認為可以開拓或提高股票買賣印花稅及博彩稅，這些稅收對普羅市民的影響很少，卻能大大提高庫房收益。

首先，根據特區政府的統計數字，股票買賣印花稅在二〇一九／二〇二〇年度共收三百三十二億元，佔特區政府收入約百分之五，是非常重要的收入來源。而金融證券業的表現在疫情逆市下仍一枝獨秀，二〇二〇年證券市場總市值創下四十六萬億的紀錄，每日平均成交額達一千二百九十億元，反映股票市場十分活躍。因此，特區政府大有條件上調股票買賣印花稅，保守估計，若把稅率上調百分之零點一，預計來年可增加四百億元稅收。

誠然，開徵或增加稅收，必然會引起痛楚，例如二〇〇六年時任財政司司長唐英年硬推銷售稅便惹來全城反對，失敗收場，因為銷售稅影響面最廣，連買牛奶麵包等生活必需品都要徵稅，市民自然怨聲載道。但是股票買賣印花稅恰恰相反，影響面十分之窄，而且股票證券買賣是投資而非必需品，既然行業逆市唱好，上調相關稅收合情合理。

上調博彩稅　增五十二億收入

第二，我認為特區政府可上調博彩稅，因為和金融證券業一樣，香港賽馬會的表現同樣逆市大好，去年的博彩及獎券收入高達三百一十五億元。當中，足球博彩的投注總額增長強勁，並在二〇一九年首度超過了賽馬博彩，故大有條件加稅。新民黨建議足球比賽投注的稅率由現時的淨投注金收入的百分之五十上調至百分之八十；賽馬本地投注的稅率則由百分之七十二點五至百分之七十五的累進稅，增加至百分之七十五至百分之八十；境外賽事的本地投注稅率則由百分之七十二點五加至百分之七十五；預計來年的博彩稅收入可增加五十二億元，何樂而不為？

我提出上述建議後，馬會立即表示憂慮，可別忘記馬會有壟斷市場的優勢，稅收高一點並不為過。同時，馬會提出反建議，希望可包攬NBA籃球比賽或其他體育賽事的博彩活動，我認為馬會既然已擁有豐富的博彩業務經驗，擴展至其他賽事無可厚非，值得考慮。

改徵從量稅　推動烈酒集散及拍賣中心

第三，我認同香港歐洲商務協會的提議，把向酒精濃度高於百分之三十的烈酒徵收的從價稅（ad valorem tax）改為從量稅（unit tax）。商會認為改稅制後，雖然特區政府表面稅收會減少約一億零五百萬，但是可以帶動更多商業活動，逐步推動香港成為烈酒集散及拍賣中心、美酒佳餚中心，對香港國際餐飲業的發展也有幫助，分分鐘因減得加，長遠而言是好事。

上述提出的三項稅收建議，都有一個共通點，就是影響面狹窄，投資股票買賣、花錢博彩、高價飲烈酒，都不是必要活動，不是生活必需品，因此調節這些稅收不會像銷售稅那樣牽一髮動全身全城憤慨，實在值得財政司司長慎重考慮。

二〇二一年二月二十二日《經濟通》

參觀深水埗組合屋

新民黨一直關注香港土地房屋短缺問題，多年來致力尋求解決此深層次矛盾的良方。我應社聯邀請，參觀位於深水埗南昌新建成的組合屋。現時深水埗一個小於二百呎的單位，租金最少也要五六千元，而且環境非常惡劣，甚至隨時被業主迫遷及加租，情況非常嚴峻。

組合屋根據貨櫃倉尺寸製造，面積與之相若，最大的三人單位為二百八十平方呎，有不同組合。組合屋在佛山建造，基本材料是鋼鐵，由於用作住宅，地面鋪設膠板，牆身亦加置可防火兩個小時的防火板。屋內附設冷氣，以及可供沐浴及如廁的獨立洗手間。

此項目現階段生產八十九個單位，共有四百多人申請，由於申請人數眾多，相關租戶需要輪候公屋至少三年方合資格，並且需要抽籤才可入住。申請人若是綜援戶，便會收取綜援戶租金，當中已包含政府租金津貼；假如是非綜援戶，其租金則不會多於租戶收入百分之二十五。

為紓緩土地房屋短缺問題，此項目可說是眾志成城。首先由恒基捐出未發展的土地，使用期最少兩年。建築費則由關愛基金撥款，項目配套例如聯絡申請人及提供共享服務等則由東華三院負責；組合屋附設的冷氣則由馬會捐贈。

我與項目負責人交流時，深深體會此項目對劏房戶是一大喜訊。現階段雖然只有八十九個家庭受惠，但我認為是「幫得一個得一個」。社聯指出，現時已有不少組織包括聖雅各福群會、樂善堂、博愛醫院等等參與此項目，相信日後會在大埔及元朗等不同地方興建組合屋。深水埗欽州街及葵涌業成街等市區地帶，亦會繼續提供單位。

每個組合屋單位成本約四十多萬港元，我認為尚算合理。現時香港土地房屋短缺，興建靈活及彈性高的組合屋，為有需要家庭及人士提供短期居住環境，雖然現時供應是「僧多粥少」，但亦不失為權宜之計。

參觀期間看見屋內的碌架床，令我憶起小時候與弟弟也是睡碌架床的。其實數十年前兩姊弟能夠睡在碌架床，環境已是不錯。當年環境較差的家庭，一張碌架床隨時睡上數名小朋友呢。

我相信隨着更多組合屋單位落成，對於居住環境惡劣的劏房戶來說，居住條件會大大改善，而我們參觀的南昌組合屋單位，剛巧在八月二十四日，即是我生日當天正式入伙。在此祝願新住戶入伙大吉，擁有舒適安樂窩。

二〇二〇年八月十九日 facebook

探訪劏房戶

我與新一屆的新民黨青年委員會成員，去到上水區上門探訪，並派發抗疫福袋及愛心空姐牛肉飯。

此行目的是探訪區內的劏房戶，而我去探訪的主要是空間比較小的單位。住客告訴我，目前的租金大約四五千元，附加額外的水電費，亦需要簽署一至兩年的租約。因應目前的疫情，業主考慮他們的負擔能力，所以加租的幅度不算太厲害。

話雖如此，此行有一幕令我印象深刻：其中有一個單位，劏成八個非常小的劏房，除了床位外，幾乎沒有額外空間了。我看到一個小孩困在這狹小的空間內，深感這對他的成長將帶來非常不良的影響。

特區政府宣佈正計劃推出「現金津貼試行計劃」，為已輪候公屋逾三年的非綜援租樓戶提供租金津貼，預料在七月派發。出發點是好，但我擔心若租金津貼未能與租務管制互相配合的話，結果只會淪為業主加租的藉口，飽受住屋問題困擾的市民將未能受惠。

我會密切監察「劏房租務管制研究工作小組」的工作進度，同時要求特區政府盡快落實土地政策，增加房屋供應，以處理這些住屋不適切的問題。

二〇二一年二月三日 facebook

立法管制劏房租務

今天（二〇二一年二月四日）在立法會行政長官答問會上，喜聞行政長官採納各政黨意見，提出五項立法建議，解決各種迫切的問題，其中一項便是立法制定劏房租務管制。

早於二〇一八年十月三十一日的立法會會議上，我已提出「研究訂立規管分間樓宇單位的條例」的議案，包括參考英國的《二〇〇四年住宅法》（Housing Act 2004）設立發牌制度規管劏房的營辦，並就單位的設施、居住人數及面積訂立標準；為每個單位設獨立水錶及電錶；及規管劏房的租金升幅。在跨黨派支持下，麥美娟議員及時任議員梁耀忠、尹兆堅的修正案，以及我經上述三位議員修訂的議案也獲通過。

雖然特區政府終於二〇二〇年成立「劏房租務管制研究工作小組」，但我認為其原訂十八個月的研究時間實在是太長。並且，成立工作小組實屬無謂重複，因為大部份立法會議員都探訪過劏房，也明白劏房問題有多嚴峻。我樂見特區政府願意正視問題，接受我的意見，願意立法保障劏房住戶的權益，也很高興聞得工作小組將提前在三月底前提交報告。我將加入此條例草案小組委員會，協助政府完善立法工作。

二〇二一年二月四日 facebook

內地文化創意產業吸引香港觀眾

近年雖然有本土思潮興起，有類似香港民族論、城邦論的說法，企圖以文化、語言來作中港區隔，包括指廣東話是一種獨特語言，指繁體字是正體字、簡體字是殘體字等等，企圖把本土主義合理化，把香港想像成獨立的民族。我認為這些屬政治操作，不會持久。

事實上，中港兩地在文化、生活、運動等等很多方面，都在互相適應、融合、影響，例如港人喜歡在週末或假期北上消閒，有人喜歡踩單車、有人喜歡短程旅遊，各適其適。內地飲食品牌海底撈、喜茶等在香港也很受歡迎。本篇則集中說說內地創意文化產業方面如何吸引港人。

本地文化源自嶺南文化

香港文化源自嶺南文化，源遠流長，內涵豐富，例如有我們最喜歡吃的廣東點心；上一代港人喜歡「睇大戲」，粵劇粵曲起源於佛山，《帝女花》等經典劇目無人不曉。功夫大師葉問、黃飛鴻，前者是佛山南海人，後者是佛山西樵人，他們對於今天的武術界、電影界仍影響深遠，至今仍是電影主角呢。

八十年代港產電視劇大熱

八十年代，香港的娛樂產業可算是把嶺南文化發揚光大，我們出產了大量風靡東南亞甚至是內地的港產電影、電視劇、粵語流行曲，那時候沒有互聯網推波助瀾，一齣當紅港劇可以由香港開始，在內地從沿海城市到內陸城市，在不同地方的電視台播完再播，經典如《上海灘》、《射雕英雄傳》便是最佳例子，「丁力」、「許文強」、「郭靖」、「黃蓉」紅遍大江南北，香港影視明星回內地「登台掘金」是火紅現象。

內地劇點擊量驚人

國內的文化創意產業則在近年火速發展，電視劇、網絡劇的產量及輸出量驚人，單計二〇一八年，內地電視劇產業的投資規模達二百三十二億，發行了三百二十三齣劇。二〇一九年的數據稍有回落，市場汰弱留強，集中製作精良的優質精品劇，往往畫面已叫人目不暇給。

劇種方面更是百花齊放，除了一般的古裝劇、時裝劇，近年興起宮鬥劇、仙侶劇、穿越劇等等，二〇一八年的《延禧攻略》、二〇二〇年的《三生三世枕上書》便是佼佼者，主角吳謹言、迪麗熱巴、高偉光大受歡迎，香港觀眾對他們非常熟悉。女性觀眾則對甜寵劇、言情劇愛不釋手，有人鍾情「霸道總裁」，有人心愛「小鮮肉」，胡歌、楊洋、肖戰、王一博等不知是多少女性的男神。

隨着互聯網的發展，劇集的主要播放媒體由傳統電視台變成網絡平台，例如騰訊、優酷，計算受歡迎程度也由收視率變成點擊量，例如高偉光和迪麗熱巴主演的《三生三世枕上書》播放結局時累計點擊量有七十五億，楊洋主演的《微微一笑很傾城》在二〇一六年開播時創下十六小時三億的點擊紀錄，及後累計點擊量達一百五十八億。

根據《中國電視／網絡劇產業報告二〇二〇》，單是二〇二〇年一月至三月，國內電視劇及網絡劇的全網播放總量達到一千四百五十七億！比二〇一九年同期增長了百分之九。其中《慶餘年》佔四十二億一千五百萬，《三生三世枕上書》佔三十億零九十五萬。有媒體以大數據分析二〇二〇年第一季香港觀眾的熱搜劇，《慶餘年》和《三生三世枕上書》同樣榜上有名（《香港01》二〇二〇年四月十五日）。

造就港人工作機遇

隨着內地影視市場的蓬勃發展，很多香港導演編劇回內地工作，香港演員由以往回內地「登台掘金」，演變成「北上拍劇」「搵真銀」，所以很多內地劇集也有港星的身影，佘詩曼在《延禧攻略》的演出可圈可點，在無綫電視播出的《錦繡南歌》也有張兆輝演出，不論是主角還是甘草，台前還是幕後，我相信業界的融合有助提升水平及帶動彼此發展。

當然，除了影視，內地很多綜藝節目、音樂節目、真人秀，例如《中國好聲音》、《中國新説唱》、《爸爸去哪兒》及《奔跑吧兄弟》等也很受港人歡迎。

香港與內地融合的重要一環

我認為內地創意文化產業的發展超越了地域界限，劇集、綜藝、演員在香港大受歡迎，是國家的軟實力，是香港與內地融合的重要一環，既為港人提供娛樂，也為本地業界提供發展機會，可算是互聯互通，實在不應有所區隔，市場反應、觀眾熱愛，就是最好的驗證。

二〇二〇年九月二十一日《經濟通》

內地軟實力發展驚人

香港社會動盪，不少年輕人因參與暴動被捕，當中不乏未成年的青少年，他們的極端行為反映逢中必反的心態。他們對國家沒有歸屬感，也欠缺身份認同。有自稱九十後的網絡影片製作者國生上載一段影片，分析當今香港年輕人的想法，我認為頗中肯。

國生首先提出的理由是香港年輕人認為內地缺乏軟實力，直言他們較喜愛日本、美國等他國文化。我認為事實的確如此，例如日本動漫，從老少咸宜的《多啦A夢》到票房大熱《鬼滅之刃》，各類動漫均在香港收割大量粉絲，據聞許多人會特地前往日本朝聖，參觀動漫展覽；又例如美國荷里活英雄電影如《第一滴血》系列（*First Blood*）、《復仇者聯盟》系列（*The Avengers*）等在香港也是一直人氣高企。

反之，香港年輕人對內地的印象大多是在硬實力方面，例如高鐵和5G技術等等，卻沒留意其軟實力的發展，例如現在內地電影產業愈發蓬勃，電影涉獵範圍逐漸廣闊。舉例而言，二〇一五年推出由著名演員吳京主演的動作戰爭片《戰狼》，在內地首映當日便拿下三千九百萬元票房（人民幣）；還有去年橫掃百花獎、金雞獎等多個獎項的科幻巨作《流浪地球》，獨特創新，更為中國科幻電影帶來突破。而由於內地喜愛觀看電影者不斷增加，近年已成為世界第二大電影市場。各國電影公司甚至覬覦內地的龐大客源，盼望從中獲取巨利。可是畢竟英雄片和科幻片已由其他國家領先出產，尤其西方英雄片角色深入民心，年輕人觀看同類電影時多有先入為主的概念，所以在香港，屬後起之秀的內地電影未有如荷里活電影或日本動漫般受年輕人歡迎。

電視連續劇的劇種更是五花八門，以古裝劇最具特色。回歸後曾在香港播映的歷史正劇《雍正王朝》便是經典。該劇宮廷權鬥精彩絕倫，曾創下十八點收視的好成績，當年我的老闆董建華先生也有追看。

近年內地的文化創意產業發展蒸蒸日上，古裝劇延伸出武俠劇、仙俠劇等不同劇種。由二〇〇六年內地翻拍金庸武俠小說《神鵰俠侶》，捧紅了劉亦菲、黃曉明等花旦小生；由楊冪、趙又廷、迪麗熱巴、高偉光等出演的《三生三世》系列，兩部劇甫推出便在多個播放平台獨佔鰲頭，首部《三生三世十里桃花》更錄得五百億次總播放量。

網絡劇的興起帶來創新，劇情和人設不斷有突破。例如《陳情令》，有別於以往一男一女的主角設定，改以雙男主形式展開故事。出演主角的兩位九十後男星肖戰和王一博也因此紅透半邊天，在國內外擁有超高人氣，屬於頂流。舉例而言，肖戰於二〇二〇年十二月七日發出一條抖音後，二十四小時內暴增五十八萬粉絲；二〇二〇年生日當天更登上二十二個國家的熱搜榜。由此可見，內地人才輩出，文化創意產業具備潛力，為年輕人創造不少機會。

記得黑暴發生前，飲食品牌喜茶、海底撈等吸引許多香港年輕人到訪「打卡」；熱中於網絡世界的則愛使用抖音分享自製視頻；新冠肺炎肆虐前，不少年輕人更會北上消閒，反映內地軟實力是具吸引力的。同理，中國文化源遠流長，且資源豐富，山明水秀，國產古裝劇故事設定有趣，採用實景拍攝呈現的畫面精緻，加之製作愈發嚴謹精良，假以時日將風靡全港，讓年輕人看到內地軟實力的驚人發展。

二〇二〇年十二月二十二日、二十五日《明報》〈三言堂〉

港人渴望有自家偶像　MIRROR 填補空缺

我在二〇二一年五月十二日的立法會會議上提及最近爆紅的姜濤、組合 MIRROR、ERROR，問商經局局長會否爭取他們上國內的節目。一句提問惹起各方熱議，有人批評他們小眾，我並不認同，只要數一數姜濤代言的廣告數量及品牌，看一看「姜糖」、「鏡粉」的應援陣勢，就知道他們有多受歡迎。

MIRROR 絕不小眾

回顧香港娛樂圈，我們的偶像例如「四大天王」、陳奕迅、古巨基等等，都已經成熟成家，紛紛轉型做住家男人，與新生代難免有距離；加上近年韓劇、Kpop 紅遍全球，國內有身高有顏值的霸道總裁和小鮮肉一個接一個地攻佔少女甚至熟女的心；香港娛樂圈的確真空已久，今日盛況多年未見，反映香港需要本土偶像，年輕人愛看韓星之餘也渴望追捧自家男團，姜濤、MIRROR 填補了這個空缺，而且人氣高企，應是社會喜聞樂見。

我們常常說，韓國演藝圈講究長久而精密的訓練，有潛質的在高小或初中時已簽約娛樂公司做練習生，經過長年的高強度訓練，能成團出道的，不論男女，個個歌精舞勁，rap 得跳得。國內「頂流」王一博也是在十幾歲時先在韓國受訓、成團出道，後來才回國發展。韓劇、Kpop 是國家級產業，用以推動經濟，投放的資源十分龐大。國內近年文化軟產業發展強勁，每年生產的劇集數量驚人，各類綜藝、選秀節目捧出一個又一個新星，近期在《創造營二〇二一》走紅的利路修便是一例。

練腹肌不容易

相對地，香港娛樂圈的市場及資源不可同日而語，歌壇萎縮，電視台欠缺競爭，有創意有火花有話題的節目，並不多見。MIRROR 在二〇一八年 viuTV 的選秀節目《Good Night Show 全民造星》成團，成員各有背景，不是全員小鮮肉，也不是自幼受訓。看他們的 MV 或表演，縱有瑕疵，努力有目共睹，需知道練腹肌也不容易，而且他們是香港自家製的，粉絲買他們的賬。

例如姜濤以前是肥仔，努力減肥至今，我覺得他的樣子幾可愛。早前有報道指姜爸中風入院，姜濤一句「錢我來賺就好，以後你就好好休息」不知感動了多少媽媽粉。孝順不就是我們希望年輕人擁有的特質嗎？Lokman 本是舞蹈員，早於二〇一三年已參演電影《狂舞派》，已經三十二歲的他如今擔當 MIRROR 的隊長及領舞，我十分期待他更精彩的舞技演出。副隊長 AK 回應我在立法會的建議時，表示 MIRROR 才剛剛成為本地樂壇一分子，目前最重要做好本分，集中本地發展，同時又說表演無分國界，希望提升實力後讓其他地方的人都喜愛他們。我認為他的回答得體大方。

MIRROR 成員的經歷、走過的軌道，或與韓星、與國內的明星不同，但共通點都是夠努力，希望他們的例子讓年輕人明白，努力是會得到回報的，是有出路的。

努力是有出路的

我素來認為行行出狀元，不一定要大學畢業才有出路。近年特區政府大力催谷自資專上教育，根據「檢討自資專上教育專責小組」於二〇一八年推出的《檢討報告》，二〇一五／二〇一六學年，接受專上教育的同學比率已達七成，包括有百分之四十五是入讀學位程度。可是，香港產業結構狹窄，大量同學修讀非其志趣或能力配合的學科，不單無法發揮所長，畢業反成失業，讓年輕人更感迷惘。

其實，教育的本質並非如此。《經濟、社會與文化權利的國際公約》（International Covenant on Economic, Social and Cultural Rights）第十三條便有列明，「人人有受教育之權」、「各種中等教育，包括技術及職業中等教育在內，應以一切適當方法，特別應逐漸採行免費教育制度，廣行舉辦，庶使人人均有接受機會」、「高等教育應根據能力，以一切適當方法，特別應逐漸採行免費教育制度，使人人有平等接受機會」。簡而言之，就是社會應承認人的多樣性，重視技術及職業教育，同學應該根據自身的才能及興趣，學習不同的學科或技能，而不必要人人都讀法律金融醫科。有人升讀大學，有人鑽研廚藝，有人唱歌跳舞，年輕人各有所長，肯努力自然有出路，社會才有活力。

當然，娛樂潮流瞬息萬變，藝人發展不進則退，但願 MIRROR 抓緊機會，提升實力，發揮光芒，別辜負「鏡粉」的喜歡。至於未來發展，MIRROR會成為長青樹，抑或汰弱留強只有一兩名成員跑出單飛，便要看他們的造化。

二〇二一年五月十八日《經濟通》

第三章

圍堵中國　美國崩壞

美國的金融霸權有多厲害

二〇二〇年五月二十八日，第十三屆全國人民代表大會表決通過授權人大常委會為《港區國安法》立法。美國國務卿蓬佩奧在人大會議前夕已發表聲明，指香港已經不處於高度自治狀態，所以將取消根據《美國——香港政策法》（United States-Hong Kong Policy Act），由一九九七年七月前至今賦予香港的特殊待遇，包括取消香港的單獨關稅區地位。美國總統特朗普更於五月二十九日的白宮記招，表示正啟動程序取消香港的特殊待遇，並會制裁部份中港官員。

不過，由於特朗普的發言缺乏具體措施，美國金融市場鬆一口氣，美股未見大幅波動，道瓊斯工業平均指數於五月二十九日收市只微跌十七點，加上市場樂觀預期重啟經濟將令燃油需求回升，油價上升，紐約期油亦見升幅。而就算美國落實關稅制裁，正如財政司司長指出，二〇一九年在香港生產並出口到美國市場的貨物總值是三十七億港元，只分別佔香港生產的貨物總值約百分之二及香港總出口量不到百分之零點一，可見美國徵收關稅實質對香港影響極微。亦有議員關注美國金融方面的制裁，會否影響聯繫匯率？就此，大家應該先了解美國金融霸權的起源，《經濟學人》（*The Economist*）於五月九日刊登一篇詳盡分析，值得參考。

美國金融霸權於二戰後興起

《經濟學人》分析美國的金融霸權於二戰後興起，美國透過操控「制度（Institutions）」、「貨幣（Currencies）」和「交易工具（Payment Tools）」，決定全球資金的流向。

首先，「制度」方面，美國於一九四四年建立全球最重要的兩個金融機關，分別是世界銀行和國際貨幣基金組織（IMF），同年與四十四個國家的代表簽訂布雷頓森林協定（Bretton Woods Agreement），令貨幣與黃金價格掛鉤，而由於美國當時向同盟國供應武器，是全球擁有最多黃金的國家，布雷頓森林協定變相令美元成為全球的儲備貨幣，美國的金融霸權從此崛起。加上世界銀行可以決定對全球新興經濟體的融資，操縱發展中國家的經濟生殺大權；以及國際貨幣基金組織對國際匯率的決定權，完全鞏固美國金融霸權在全球的絕對優勢。

世界銀行和國際貨幣基金組織這兩個機關的負責人一直由美國人和歐洲人「分豬肉」。例如美國國防部前副部長保羅沃夫維茲（Paul Dundes Wolfowitz）曾任世界銀行行長，直至他被揭發擅自安排女友莎哈麗扎（Shaha Riza）轉職國務院，並增加她的年薪至接近二十萬美元，比國務卿的年薪更高，最終因此醜聞辭職。而法國人拉加德（Christine Lagarde）則為前任國際貨幣基金組織總裁，任期長達八年，並於二〇一九年十一月轉任歐洲中央銀行行長。

另外，亞洲開發銀行（ADB）由一九六六年成立以來一直由日本人擔任行長，但美國是僅次於日本的第二大股東，在亞洲開發銀行擁有重大控制權。美國壟斷全世界的金融制度，中國遂於二〇一五年成立亞洲基礎設施投資銀行（亞投行），由中國前任財政部副部長金立群擔任行長。亞投行向亞洲各國和地區提供資金以支持基建項目，目標是促進亞洲多邊的互聯互通和經濟一體化進程。截至二〇一九年七月，一百個亞投行成員國當中包括歐洲國家，以及加拿大。

美國控制交易工具

「制度」和「貨幣」之外，「交易工具」是鞏固美國金融霸權的第三支柱。以往銀行之間的跨境匯款需要透過人手操作的 Telex 系統交換信息，費時失事。因此，環球銀行金融電信協會（Society for Worldwide Interbank Financial Telecommunication, SWIFT）於一九七三年成立，為全球的金融機構提供猶如通用語言（Lingua Franca）的電報轉換系統，令匯款指令傳送和接收更準確快捷。雖然 SWIFT 的總部設於比利時，但由於美元是全球的儲備貨幣和交易貨幣，SWIFT 被指經常受到美國操控。

SWIFT 再加上金融科技的進步，皆便利美國的銀行參與海外資本市場，令美國的金融資產在一九八〇至二〇〇三年間由本地生產總值（GDP）百分之一百零五暴升至本地生產總值的三倍，令美國的投資銀行茁壯成長。

美國國會更於一九九九年通過《金融服務法現代化法案》（Financial Services Modernization Act of 1999），容許傳統上只可從事存貸業務的商業銀行，同時可以從事投資銀行的證券承銷、基金管理等業務。此業務上的合併，造成美國四大銀行集團，即花旗、富國、摩根大通及美銀雄霸全球的局面。

戰後的歐洲國家經濟開始復甦，黃金成為資產保值的最好選擇，所以各國紛紛拋出美元向美國兌換黃金，使美國政府承諾的美元兌換黃金的固定匯率日益難以維持，最終一九七一年美國總統尼克遜宣佈停止美元與黃金掛鈎。

尼克遜放棄金本位制度後，隨即建立石油美元體系，令美元得以在全世界繼續保持強勢。尼克遜同意向沙特阿拉伯提供軍火和保護，條件是沙特所有的石油交易皆需要以美元結算。由於沙特是石油輸出國組織（Organization of the Petroleum Exporting Countries, OPEC）當中最大的產油國和全球最大的石油輸出國，其他 OPEC 國家亦跟隨採用美元進行石油交易。除石油外，美國是農產品出口大國，其大豆、玉米、棉花，以及豬肉，皆以美元結算，由於全球的交易量巨大，自然令美元一直保持國際儲備貨幣的地位。

美元武器化

美國的金融霸權變本加厲，並把美元武器化，用以制裁異己，例如美國透過控制SWIFT停止向伊朗提供服務，令伊朗不能以美元進行石油交易，直接摧毀伊朗的經濟命脈，而美國的制裁亦延伸至與伊朗有貿易往來的國家。美國的過份霸道，終令其他國家懼怕使用美元，甚至開始去美元化。

觀乎美元取代英鎊需時超過百年，人民幣的國際化過程同樣漫長。中國現正積極發展數碼貨幣，隨着《中華人民共和國密碼法》於二〇二〇年一月生效，為加密技術的應用建立法律框架，再配合中國各種電子支付系統在海外市場的滲透率，假以時日，有望打破美元作為國際儲備貨幣的壟斷地位。

二〇二〇年六月七日、十日及十三日《明報》〈三言堂〉

美國瘋狂印鈔托股市

自二〇二〇年三月中新冠肺炎在美國爆發以來，美國股市一度大跌。當時，以加州為首，各州陸續公佈限制社交距離措施，要求市民遵守居家禁足令，而市場擔心疫情肆虐，經濟受挫。然而，白宮不斷發出充滿矛盾的信息，一方面大派定心丸表示疫情不足為懼，同時又公佈二萬二千億美元方案救市，當中存在着「救人抑或救市」這個兩難問題。實施禁足令的確可以救人，但煞停經濟活動，對美國市場造成重大打擊；相反，要救市則需要美國人外出消費，繼續享樂，維持奢靡的民風。

美國人不接受嚴厲的社交距離限制

美國素來得天獨厚，資源豐富，人民慣於享樂，民族性愛好自由及獨立自主，所以就算州政府公佈禁足令，當地人仍然如常外出，甚至群聚開派對，導致美國的限制社交距離措施失效。相比歐洲，意大利和法國年初以來多月封城，更嚴懲擅自離家外出的人民，但美國人不接受這麼嚴厲的禁制。

我曾居住美國四年，對美國中產家庭有所了解，他們認為每個家庭有幾輛車，每人有十數條牛仔褲，是理所當然的。他們有錢與否都要度假，讀書依靠借貸，這種先使未來錢的心態十分普遍。部份美國人在公眾場所不戴口罩，當中包括總統和副總統，可見美國人如何任性。

六月二十六日及二十七日連續兩日，美國確診新冠肺炎的人數突破四萬，而據《華盛頓郵報》（*The Washington Post*）報道，七月一日的單日確診人數更突破五萬，可謂屢創新高，並已累計超過二百七十萬人確診，超過十二萬八千人死亡。美國疾病管制與預防中心（Centers for Disease Control and Prevention）總監羅伯特雷德菲爾德（Robert Redfield）甚至指稱，美國實際感染人數可能是確診病例數的十倍之多，即至少二千四百萬人感染。

疫情下美股三大指數上漲

即使在這樣嚴峻的情況下，美國股市依然表現堅挺，由三月中下跌急挫後，維持長時期反彈。例如七月三日週五收市時，美股三大指數，即道瓊斯工業平均指數、標準普爾五百指數及納斯達克綜合指數全部上漲，升幅分別為百分之零點三六、百分之零點四五及百分之零點五二。這個奇特的現象皆因聯邦儲備局不斷「放水」，規模之大比二〇〇八年金融海嘯後救市有過之而無不及。

不斷大規模印銀紙

六月二十二日，《時代》雜誌（*TIME*）一篇題為"The Money Maker"的文章解釋，聯邦儲備局不斷大規模印銀紙托股市，造成美國股市與實體經濟出現巨大差距。聯邦儲備局宏觀調控美國經濟通常採用兩種手段，分別是操控利息及操控貨幣供應。自二〇〇八年金融海嘯後，聯邦儲備局為救市而大幅減息，利率在二〇〇九年至二〇一五年皆接近零，二〇一九年美國總統特朗普更呼籲聯邦儲備委員會將利率降至負值。假如負利率真的落實，便意味存款在銀行不但沒有利息可收，反而要向銀行支付利息，間接令存戶不儲蓄，目的是迫使企業增加投資，人民增加消費。

而操控貨幣供應方面，二〇〇八年金融海嘯後，聯邦儲備局兩年內合共增加印鈔一萬四千億美元，以大量購入美國企業的債券，及州政府推出的債券，支撐金融市場。例如在二〇一〇年，聯邦儲備局根據量化寬鬆計劃（Quantitative Easing）購入價值高達六千億美元的債券。然而，今年聯邦儲備局僅在三個月內，已增加印鈔二萬九千億美元，而在三月份的一個星期內，已購入價值高達五千四百三十億美元的債券。《時代》雜誌分析，聯邦儲備局的資產負債表在二〇〇七年只佔美國國家經濟總量的百分之六，但由於今年聯邦儲備局增加印鈔的速度和數量驚人，有專家估計數值將於年底大幅提升至百分之四十，聯邦儲備局的資產值將超越八萬億美元。

聯邦儲備局變相完全依靠印鈔支撐經濟，其介入經濟的力度亦愈來愈大。美國金融巨企古根漢投資集團（Guggenheim Partners）的首席投資官麥納德（Scott Minerd）指出，聯邦儲備局現時的做法改變了美國資本主義制度及經濟的自然運作模式。美國資本主義制度原本依靠實體經濟，亦即依靠國民生產支持，以往人民從事農業、生產業、服務行業，令經濟得以發展。今天，經濟發展全靠聯邦儲備局泵錢，而私人銀行向企業貸款前，甚至會考慮聯邦儲備局會否購入該企業的債券。

聯邦儲備局做法備受批評

聯邦儲備局的做法備受批評，但前任聯邦儲備局主席珍妮特耶倫（Janet L. Yellen）則表示聯邦儲備局成立的原因正是作為金融市場的最後防線。她指出，凡社會經濟遇到大風險，資金逃亡，情況就像銀行擠提一樣，中央銀行（即聯邦儲備局）就要承擔所有風險，挽救經濟。

聯邦儲備局的傳統功能是為實體經濟提供流動性，聯邦儲備局在資產負債表提高資產的數值，美國財政部根據此數值印鈔，美國社會的整體財富增加，市民消費意欲提升，經濟得以發展。不過，聯邦儲備局不斷印鈔向銀行泵錢，同時將利率控制至接近零，鼓勵了銀行不斷向市民和企業貸款，忽視儲蓄的功能。現任聯邦儲備局主席鮑威爾（Jerome

Powell）早在二〇一三年警告，銀行不斷貸款會有產生泡沫的風險。

現時聯邦儲備局和美國財政部已經不再理會美國的負債表，過往聯邦儲備局曾經宣佈「縮表」，即縮減資產負債表規模，減持債務，但如今已背道而馳。聯邦儲備局任意印鈔，無視債台高築，其實只能救助金融市場，但因疫情封城和經濟轉型而消失的崗位、倒閉的小商戶，這些一直默默支持美國實體經濟的最弱勢的一群，有如美國政府處理疫情決策失當之下的犧牲者，全部皆失救而亡。

二〇二〇年七月四日、七日及十日《明報》〈三言堂〉

中國數字貨幣足以取代美元嗎？

美國政府於二〇二〇年八月七日宣佈制裁中央及特區政府十一名官員，措施包括凍結其在美資產。部份香港銀行為保障其美國及國際業務，有可能凍結或結束受制裁官員的美元戶口，而美國企業提供的金融產品和服務亦會受到影響，行政長官林鄭月娥接受《中國環球電視網》訪問時表示，她被美國制裁後使用信用卡已受到限制。

美國武器化美元制裁異己

美國金融霸權建基於美元作為全球儲備貨幣和交易貨幣的獨特地位。因此，美國素來以武器化美元制裁異己，例如操控環球銀行金融電訊協會（SWIFT），令伊朗不能以美元與國際社會交易石油，直接摧毀伊朗的經濟。而對於協助伊朗的國家，美國亦會終止 SWIFT 的服務，切斷這些國家與全世界的美元交易鏈，此乃第二階段制裁（secondary sanctions）。其實，美國對香港實施制裁之前，國際社會對於美國金融霸權早有關注，美國國際事務權威雜誌《外交》（*Foreign Affairs*）刊登一篇題文章為"Could China's Digital Currency Unseat the Dollar?"的文章，深入探討中國數字貨幣能否取代美元。

文章假設現在是二〇二二年，美國透過情報得知伊朗正在收購核武和導彈系統的組件，雖然美國的經濟制裁依然生效，但伊朗已將大部份的國際商貿轉移至一個新建的人民幣交易系統（Yuan-based System），並以中國數字貨幣（Chinese digital currency）交易，伊朗從此不再依賴美元，同時避開美國金融機構的監管。結果，伊朗對中國、印度、歐洲的石油輸出量增加，而伊朗更成功建構核武和導彈系統，美國再也不能單純以經濟制裁應付伊朗的威脅。

雖然這例子有醜化中國支持伊朗發展核武之嫌，但亦說明了西方的評論員已留意到中國數字貨幣的迅速發展。

中國發展主權數字貨幣

中國早於二〇一四年開始發展由國家發行的主權數字貨幣（sovereign digital currency）。當時中國的人工智能、區塊鏈技術（blockchain），以及電子支付平台已經發展成熟，早已具備發展數字貨幣的條件。其中，區塊鏈的分佈式賬目技術（distributed ledger technology）對於發展數字貨幣尤其關鍵。通過此技術，一宗網絡交易的每筆賬目皆會對全部交易參與者公開，由於賬目經過每名參與者互相比對和確認，交易紀錄得以完整保存，無法竄改。

區塊鏈技術最先應用於發展加密貨幣（cryptocurrency），例如比特幣（Bitcoin）。文章指出，加密貨幣與主權數字貨幣大有不同。加密貨幣利用點對點技術（peer-to-peer technology）運作，所有的客戶端都是平等的，並不存在中央管理機制，加上其價格經常浮動，容易受到黑客攻擊，令加密貨幣只能成為投機性資產，而不能在民間普及。相反，主權數字貨幣由國家的中央銀行發行，例如中國的數字貨幣由中國人民銀行發行，英文全稱是 Digital Currency Electronic Payment（DC/EP），即數字貨幣和電子支付工具。

DC/EP 的發行採取兩層架構（two-tier structure），先由中國人民銀行向國有銀行和支付服務供應商例如 Alipay 和 WeChat Pay 供應 DC/EP，然後人民和商戶透過手機使用電子錢包交易，便能使用 DC/EP。在這個由中國人民銀行中央管理的機制下，DC/EP 的價格穩定，而且廣受支付平台所採用，更是官方認可的法定數字貨幣，所以相比加密貨幣，DC/EP 的應用更容易普及化。

八月二十日，《南華早報》報道中國現時只在四個城市試驗發行主權數字貨幣 DC/EP，包括深圳、蘇州、雄安新區及成都。蘇州政府在五月以 DC/EP 支付公營機構員工的交通津貼；雄安新區的商戶，例如 Starbucks、McDonald's、Subway 皆作出配合，試驗以 DC/EP 交易。中國政法大學資本金融研究院副院長武長海指出，由於中國人民銀行仍在解決安全性問題，現階段須以謹慎的態度在指定城市試行 DC/EP，將來 DC/EP 除了可以在中國使用，亦會用作跨境支付的電子貨幣。

中國發展主權數字貨幣的優勢在於電子支付系統的普及化。據《財富》雜誌（*Fortune*）八月份刊登的文章 "Inside China's Drive for Digital Currency Dominance"，二〇一九年在中國以手機應用程式作電子支付的金額高達三百五十萬億人民幣。市場份額方面，由螞蟻金服旗下的 AliPay（百分之五十五）和騰訊旗下的 WeChat Pay（百分之三十九）二分天下。中國人民對於電子支付習以為常，為國內推廣 DC/EP 奠定良好基礎。假如香港將來接受 DC/EP 系統，政府派錢、提供刺激經濟補助金或退還稅款皆可直接發放給市民，不再需要銀行作為中介人，省時之餘更節省大量行政開支。

當然，DC/EP 取代美元的國際地位是言之尚早，今天美元仍佔據全球超過百分之六十的外匯儲備金額，人民幣僅為百分之二。然而，《財富》雜誌指中國下一步將向「一帶一路」的發展中國家以 DC/EP 提供融資，一方面可以節省中介費用，而跨境電子支付方式亦能加快融資程序，有利於將 DC/EP 逐漸推廣至國外市場。再者，美國一直濫用金融制裁，以美元及 SWIFT 的全球影響力，強迫他國聽任支配。結果，多國現正尋求方法避免以美元交易，就如前美國財長路傑克（Jack Lew）在二〇一六年所作的警告，指出過度使用制裁將削弱美國在環球經濟的領導地位。

二〇二〇年八月二十七日、三十日及九月二日《明報》〈三言堂〉

正在崩壞的美國

澳洲朋友提醒我收看美國霍士新聞頻道（Fox News Channel）的節目《卡爾森今夜秀》（*Tucker Carlson Tonight*）。該節目針對新聞熱話作評論和採訪，非常受歡迎，每天美國東岸時間晚上八時播出，深夜十二時重播。霍士廣播公司素來以極右立場見稱，是共和黨陣營的電視台，經常一面倒對中國作出嚴厲批評，但最近竟然一反常態。

節目報道俄勒岡州城市波特蘭的暴動場面，與香港的黑暴畫面非常相似。波特蘭的示威活動從非洲裔美國人弗洛伊德二〇二〇年五月在白人警察制伏下死亡以來，持續多月。節目播放波特蘭市內示威者破壞公物、縱火及傷人等畫面，同時播出受訪市民兩種不同的論述。部份市民表示上述的暴力行為理應受到譴責，另一部份人則認同示威者的行為，並表示現時制度不公，人民需要革命，把一切推倒重來是唯一出路，如香港的攬炒派口徑一樣。

節目呈現了美國社會嚴重撕裂的局面，對於總統特朗普派遣聯邦政府國土安全部人員拘捕示威者，有人指摘此舉是暴政行為，但亦有人指被示威者破壞的雕像和法院大樓都是聯邦政府的財產，聯邦政府派員執法無可厚非。雙方各執一詞，難有共識。

主持人塔克卡爾森（Tucker Carlson）在節目開始時表示，現在的美國和七個月前已大不同。美國國家過敏症和傳染病研究所（National Institute of Allergy and Infectious Diseases）所長福奇（Dr. Anthony Fauci）於年初指出，只有中國才會因為抗疫而限制人民外出，甚至禁止人民出席宗教聚會，剝奪人民的自由等等，此事絕不會在美國發生。不過，今天美國有不少州份已頒佈居家禁足令，不准人民集會、不准去教堂等等。卡爾森表示中國制度有優勢，因為沒有選舉，領導者有更長遠的目光，而且社會不會因為族群身份問題而撕裂，全國得以上下一心抗疫，卡爾森很諷刺地說美國今天已愈來愈像中國。

卡爾森不是中國的粉絲，但他自相矛盾的論述，揭示了美國制度上的弱點、過度崇尚自由的民風，以及基於美國立國初期屠殺少數民族而造成無法修補的種族嫌隙，凡此種種皆描繪着美國正在崩壞的畫面。

二〇二〇年八月十五日《明報》〈三言堂〉

美國面對的五大危機

著名網誌發佈平台Medium在二○二○年八月刊登一篇題為"The Five Crises of American Collapse"的文章，作者烏梅爾哈克（Umair Haque）原籍巴基斯坦，是一名居於倫敦的顧問和評論員。哈克假設拜登當選下屆總統，認為他必須同時處理五大危機。

公共衛生危機

首先是公共衛生危機，哈克批評特朗普總統抗疫失敗，導致美國成為全球新冠肺炎致死個案最高的國家，截至八月十三日，美國死亡數字已接近十七萬，而由於特朗普的任期尚有五個月，哈克預計拜登上任時，死亡數字將會高達二十五萬人。哈克認為，各州在抗疫政策上各自為政，是疫情失控的主因，所以拜登上台的首要任務就是為抗疫設立統一的全國性政策，要求各州嚴格執行封城、檢驗、追蹤、分隔及隔離等措施。

經濟危機

疫情所衍生的經濟危機亦有待拜登處理。哈克指出疫情已重創美國經濟，國民生產總值大幅收縮百分之三十，而至今連續二十週，每週申領失業救濟的人數皆超過一百萬人，亦有四千萬人因財政問題面臨遭趕出家園的命運。哈克認為美國在疫情前的社會保障制度不盡完善，美國作為全球最富裕的國家之一，但百分之八十的人民是手頭拮据的「月光族」（living paycheck-to paycheck），甚至有人需要透過網上眾籌才能繳交醫藥費。

社會危機

哈克認為拜登應該利用這場大蕭條，在政府一直以來投資不足的範疇上作重大而長遠的投資，當中包括人民基本所需的醫療、教育、退休保障等等。美國的制度漠視基層人口需要，歸因於美國人的自私心態，造成人與人之間漠不關心的社會狀況，這個社會問題便是拜登必須處理的第三個危機。

現代美國人的負面形象聞名世界，他們好鬥、對他人充滿敵意、殘忍、刻薄、自私自利，凡此種種歸因於美國的歷史淵源，當中包括奴隸販賣、種族隔離，以及美蘇冷戰。美蘇冷戰始於二戰結束後，美國和蘇聯因各自不同的經濟和政治體制，展開長達數十年的對立。冷戰時期，美蘇從未正式交戰，但雙方透過與他國的軍事結盟、戰略部署、科技競爭以及軍備競賽來進行非直接的對抗。冷戰思維意指美國在外交方面沿用冷戰時期與他國競爭對抗的思維模式，造成了今天美國人好鬥排外、互相猜疑的心態。

哈克指美國出現社會危機，人與人之間缺乏信任，視他人為用完即棄、毫無價值的消耗品，因而拒絕對他人付出，以致一些理應是全民共享的基本福利，例如醫療保障、退休制度，一直無法在這個富裕先進的國家達成共識。加上部份美國人崇尚美國優越論（American Exceptionalism），認為自己獨一無二，是上帝選中的優秀子民，所以輕視其他國家和種族。

有危亦有機，哈克認為拜登上任後可以藉此改變美國，倡導當代社會應有的核心價值，培養美國人擁有同理心，令他們變得友善、慷慨、關愛、理性和正直。

文化危機

美國人過份利己的處世態度深刻反映在美國的文化上，衍生出拜登必須處理的文化危機。

哈克認為，今天的美國文化充滿仇恨、愚昧、空洞無物。污染美國文化的狂熱分子約佔美國三成人口，包括極左或極右派別人士、白人至上主義者，他們歧視女性、少數族裔人士及新移民，並經常攻擊傳媒。加上美國崇尚美國優越論，一直將其價值觀強推至全世界，例如由前美國總統列根於一九八三年倡議成立的美國國家民主基金會（National Endowment for Democracy, NED），其目的就是對美國以外的國家或地區輸出美式民主。

哈克認為拜登必須將美國文化重新定位，讓美國恢復為一個富有理性和正義感的國度，並更新美國人的價值觀，避免人民過度熱中於互相競爭、個人主義及物質主義。假如拜登未能在任期內遏止極端主義文化，可能在其卸任後，美國的狂熱民眾會出於報復心態，選出另一位白人至上主義者擔任總統，情況就如當年特朗普繼任奧巴馬那樣。這種周而復始的惡性循環，即如古時的帝國走上滅亡之途。觀乎拜登選擇的競選搭檔、副總統參選人賀錦麗，她是擁有少數族裔血統的美國女性，相信二人如果當選，可能為處理美國的文化危機帶來一線曙光。

政治危機

然而，哈克分析，特朗普未必會和平地移交政權，拜登在當選前已面對一場政治危機。由於美國疫情嚴峻，以郵寄方式投票的美國選民可能創歷史新高，美國郵政局的投遞效率成為左右總統大選結果的關鍵。支持度落後的特朗普一方面拒絕向深陷財困的美國郵政署撥款，並曾於七月要求延遲總統大選以免導致選舉舞弊和不準確結果。而特朗普支持者、現任美國郵政署長德喬伊（Louis DeJoy）更以減省成本為由，調整郵政運作模式，包括減少郵政服務時間、移除信件收集箱，導致多個州份的郵件收發速度下降。

二〇二〇年八月十八日、二十一日及二十四日《明報》〈三言堂〉

醜陋的美國總統大選

二〇二〇年十一月三日是四年一度的美國總統大選，舉世矚目，西方主流媒體如《外交》雜誌（*Foreign Policy*）屢次刊登文章，指出幾項令人擔憂的發展。

首先，特朗普宣佈不再派情報官員親身出席國會聽證會，簡介及回答有關大選安全（election security）的提問。大選安全聽證會旨在監察和保護選舉免受干預，以維持選舉的公平性。四年前候選人之一的特朗普身陷「通俄門」風波，被指向俄羅斯洩密換取選舉利益。後來前聯邦調查局局長羅伯特穆勒（Robert Mueller）獲委任為司法部特別檢察官調查此案。雖然並無找出實證，但經此一役，有關外國勢力有否干預選舉的安全問題一直受到高度關注。是次特朗普的操作等同限制議員發問，削弱國會監察選舉的功能，以致選舉缺乏透明度；更被質疑為刻意隱瞞情報，違反民主制度中執政黨不能偏袒黨派（non-partisan）的基本原則。

其次，特朗普不斷批評郵寄投票，他在九月二日接受傳媒採訪時更建議北卡羅來納州的選民投票兩次，即郵寄及親身前往票站投票，以確保選票被點算。此番言論遭抨擊為不公及違法。

此外，文章推斷完成選舉後需解決不少司法糾紛。回顧二〇〇〇年紛擾不斷的總統大選，當時佛羅里達州的選票點算過程出現問題，最後依靠最高法院裁決停止該州重新點票的工作，致使喬治布殊（George Bush）成功當選。相信今年情況將更激烈。《經濟學人》（*The Economist*）刊登以"America's Ugly Election"為題的文章，形容將是一場醜陋的選舉，並指出目前美國各州法院已接收二百多宗有關疫情的訴訟案，不少由民主黨提出。另外，賓夕凡尼亞州的民主黨州長與共和黨控制的州議會就如何處理過多郵寄選票對簿公堂；特朗普的競選團隊向法院提告內華達州通過向選民郵寄選票的決定等等。

根據《紐約時報》（*The New York Times*）報道，截至九月九日，美國共錄得逾六百三十萬人確診。紐約州初選時採用郵寄方式投票，結果在完成投票後數星期仍在點算，不少州份更是缺乏郵寄投票的經驗，反映疫情為投票工作帶來諸多不便。

種族歧視問題衍生的矛盾持續升溫。報道指九月七日特朗普支持者與黑人維權運動（Black Lives Matter）示威者在俄勒岡州發生衝突。文章也指出，八月二十三日基諾沙市黑人男子布萊克（Jacob Blake）被警察槍擊後一星期，特朗普便前往當地視察。文章批評他此舉只為在鏡頭前做騷（photo op），並企圖激起民眾對社會動盪的不安，以利選情。

自古至今，美國總統選舉大多攙雜暴力和事端。一九一二年羅斯福（Teddy Roosevelt）演講時慘遭槍擊；一九六八年候選人之一的甘迺迪（Bobby Kennedy）被暗殺。今天，共和黨與民主黨之間裂痕甚大，相信除非雙方派出的候選人得票差距懸殊，否則不論誰當選都會爭議不息。

最後，由兩黨控制的各州政府或將行使一切可用的行政權力，以鞏固自家候選人的勢力。在香港，選舉的實際安排由無黨派背景成員組成的獨立選舉管理委員會負責，確保選舉在公平公正及不偏袒任何黨派的大原則下完成。然而在美國，從選票的設計、選取設立票站的地點到是否向選民郵寄選票等行政事務均由各州政府自行決定。

二〇二〇年九月十一日及十四日《明報》〈三言堂〉

為何美國總統大選會出事？

美國總統大選是西方傳媒的熱話，然而觀點趨向悲觀。刊登於《經濟學人》（*The Economist*）專欄 A House Divided 的文章 "Covid-19 and an Atmosphere of Distrust Pose Grave Risks to America's Election" 認為，美國總統大選在疫情及緊張的政治環境下舉行將迎來極大挑戰。

首先是以郵遞方式投票會對選舉過程和結果造成影響。文章指出，由於疫情持續嚴峻，民眾必須恪守社交距離限制，不少州份改用郵寄投票。然而，紐約州初選的郵寄投票過程並不順利。截至二〇二〇年六月二十三日，在紐約市收回的郵寄選票比一般選舉高出十倍，同時又有成千上萬的民眾投訴沒有收到選票，甚至在投票結束後一個月才公佈結果。可以預視，若郵政系統在十一月的大選中出現問題，大選結果便很可能延誤公佈，甚至引起各種紛爭和訴訟。

在這關鍵時刻，特朗普火上澆油，高調貶損郵寄投票，直言千萬張郵寄選票將由外國印刷，是時代的醜聞（the scandal of our times）。五月，他委任被形容為「慷慨的共和黨捐獻者」的德喬伊（Louis DeJoy）為郵政署長。德喬伊甫上任便限制郵遞員的超時工作、減少郵政車來回郵政局的次數、移除多個郵件處理設備等等，所作所為頗惹爭議。以二〇一六年特朗普沒取得壓倒性勝利的游離州密歇根州為例，文章引述工會委員指，今年的大選前該州移除郵件處理設備後，將減慢每小時約二十七萬封郵件分揀的效率。由於選票必須在大選當日抵達州選舉委員會，過期郵件或將使選票變為廢票，削去大量選民的選舉權。因此，即使預計今年特朗普會在密歇根州落敗，最終結果仍存變數。

特朗普曾於二〇一八年自行宣佈共和黨候選人勝出佛羅里達州的中期選舉。但是，當時仍在點票，民主黨候選人更依靠較遲點算的郵寄選票縮短與共和黨候選人之間的票數距離。這種先有領頭者、後被他人追趕的現象稱為「紅色幻象」（red mirage）。除由於點算郵寄選票較費時外，一些人口密集的區域也會拖慢點票速度，在過往大選中不少選區都曾發生這種狀況。當年眼看形勢緊急，特朗普於社交媒體上促請暫停點票，並堅持那些郵寄選票涉及舞弊。受疫情影響，很多選民傾向缺席票站投票，改以郵寄投票代替。文章預計密歇根州的缺席投票率將會比二〇一八年高出三倍，相信「紅色幻象」將於多區出現。不過，八月時特朗普放話他只會因選舉被操縱才落敗。不少人猜測，若這次大選出現如二〇一八年的情況，特朗普將重施故技，誓不罷休。

現在的美國社會極度分化，各方支持者互不相讓，例如有身穿全副武裝的支持者上街示威，也有特朗普支持者向黑人維權運動（Black Lives Matter）示威者開火。我深感此情景正對應《經濟學人》的專欄名稱 A House Divided，原文為 A house divided against itself cannot stand（分裂之家無可持存），出自林肯總統在美國內戰前引用新約《聖經》的著名演講。相信文章作者認為這些不祥的預兆均預言大選會「出事」，並憂慮美國正處於分裂邊緣。

二〇二〇年九月十七日及二十日《明報》〈三言堂〉

美國怎樣干預他國

對於二〇一九年持續多月的大型反政府抗爭，中央政府和特區政府均認為有外部勢力介入，干預香港內部事務。這陣子與不同外國領事會面時，他們都有問及「怎樣證明？」、「若有證據為何特區政府不公開？」。我告訴他們，特區政府若手持確鑿證據，自然是按法定程序依法處理，如提出檢控、把相關分子驅逐出境等等，但是不會隨便公開相關證據。

事實上，很多媒體、時事評論員均曾報道美國政府任意干預，甚至企圖顛覆他國的事情。手段之一是資助各類對外廣播媒體，如美國之音（Voice of America）、自由亞洲電台（Radio Free Asia）、開放科技基金（Open Technology Fund）等等。這些所謂的非牟利組織均由美國國際媒體署（USAGM）負責監管，而其首席執行官是由美國總統提名、參議院批准後正式委任。因此，不少人批評這些媒體打着在海外宣揚民主、自由、人權等美式核心價值的名號，實則均為美國政府所用，在別國做政治宣傳，甚至挑起事端。

根據 Peter Kornbluh 在《紐約時報》（*The New York Times*）刊登的文章 "Secret Programs Hurt Foreign Aid Efforts"，美國政府依靠美國國際開發總署（USAID）作政治宣傳。USAID 於一九六一年成立，旨在向貧困國家提供人道和經濟援助，同時為美國政府爭取民心。文章提到，在冷戰時的古巴，這些「支援」成為中情局秘密行動的掩護，以便干預古巴主權。譬如，曾為 USAID 轄下的 Office of Public Safety 便在南錐體（Southern Cone）的警察培訓課程中加入酷刑訓練。

這類半官方組織為推動民主進程和培訓新一代政治領袖鞠躬盡瘁，而且勢力日漸強盛，如 USAID，從阿富汗到肯尼亞都有其身影。文章直言其真正企圖是干預別國內政甚至顛覆其政權。我亦曾聞得一些年輕人前往海外上課，課程內容竟包括如何作武力抗爭等等。這些組織甚至向年輕人提供撥款、資助和技術支援以推翻當地政權。

由於這些半官方組織未有落實其成立宗旨，反而被中情局利用，暗渡陳倉，遂惹起不滿。文章引述在一個 USAID 的財政預算聽證會上，參議員派屈克萊希（Patrick Leahy）

指他負責的監管委員會收到大量海外職員發來的電郵，直斥組織「把他們置於危險中」。

由此可見，美國政府在境外顛覆他國的手段已經眾所周知。回說本文開首提及的外部勢力干預香港內政之謎，究竟這些半官方組織在二〇一九年的反政府抗爭中扮演甚麼角色？各位了解它們的事蹟後，大抵就心中有數。

二〇二〇年十月二日及五日《明報》〈三言堂〉

美國學者嚴批美國政府

對於美國利用打着推動人權及民主做幌子的組織在海外干預別國政治，其實是想推翻別國政權，有學者早已洞悉並且嚴厲批評，包括語言學和哲學教授諾庵杭士基（Noam Chomsky）及著名經濟學家傑佛瑞薩克斯教授（Jeffrey Sachs）等等。

美國外交政策的真正企圖

諾庵杭士基教授的著作 *What Uncle Sam Really Wants* 拆解美國外交政策的真正企圖。首先，美國在二戰後的首要發展理念是鞏固自身經濟利益。杭士基教授指出，美國在二戰時便已研究發展 The Grand Area，地理範圍涵蓋遠東、中東、西半球、前大英帝國及第三世界等等，差不多全世界。他引述喬治凱南（George Kennan）於一九四八年提出的 Policy Planning Study 23，指當時的美國坐擁世界上一半財富，但人口只佔全球百分之六點三，可見美國在經濟上遠比其他國家優勝。若要維持這種優勢差距，美國不能只專注人權、民主這些空泛理論，而是要建立權力觀念。

美國要確保美式思想的可持續性

除了要保住經濟上的優勢，美國還需確保美式思想的可持續性。書中指出，當時拉丁美洲盛行政府要直接負責人民福利的理論，與美國一貫依循的理念截然不同，加上眼看歐洲國家深受擁護類似意識形態的本土極左派威脅，美國對其影響力頗為忌憚。因此，美國把這種意識形態統稱為共產主義，並定為假想敵。杭士基教授形容，二戰後的美國趨向成為極端自由主義者。換言之，只要美國遇上想法不同者便會直接摧毀對方。

美國對第三世界國家的態度便是如此。作為全球民主進程的推動者，美國一直鞠躬盡瘁，更把這項工作視為對第三世界國家的主要外交政策。然而，若當地出現忽略美國利益的民主體系和掌權者，美國會直接干預當地政府，甚至棄置該政權。類似事件便曾於伊朗、危地馬拉等地發生。

美國有三類外交理論擁護者

二〇一八年，著名經濟學家傑佛瑞薩克斯教授撰寫書籍 *A New Foreign Policy: Beyond American Exceptionalism*，深入分析美國的外交政策。

薩克斯教授指出美國有三類外交理論的擁護者，分別為現實主義者（realist）、國際主義者（internationalist）和獨尊主義者（exceptionalist）。現實主義者認為全球均勢是首選，美國必須謹慎使用武力；國際主義者推崇各國合作，積極運用外交政策，實現相同目標，防止戰爭，尋求共榮。而獨尊主義者則堅持美國應持續培養強大軍力稱霸世界。薩克斯教授稱特朗普總統推行的美國優先政策便是獨尊主義的表現。

獨尊主義根深柢固

薩克斯教授形容獨尊主義是美國根深柢固的信仰。一九四一年，《時代》雜誌（*TIME*）創辦人亨利魯斯（Henry Luce）宣稱世界進入美國世紀（the American Century），各國會以美國為馬首是瞻。珍珠港事件發生後，時任英國首相邱吉爾在美國國會發表演講，直言最好的消息是美國「團結一致扔掉劍鞘，揮劍指向自由」（has drawn the sword for freedom and cast away the scabbard），加入二戰。果不其然，美國憑藉軍事和工業優勢獲取亮眼的成績，成功帶領同盟國勝出。一九五〇年，美國的國內生產總值佔全球百分之二十七，而前蘇聯只有百分之九，確實獨佔鰲頭。不過，薩克斯教授批評現今由特朗普推出富獨尊主義色彩的政策不貼近現實。誠然，今天的美國在地緣政治的影響力已不再屬全球最強，薩克斯教授預視美國世紀即將完結。

此外，薩克斯教授亦狠批中情局的雙重身份，形容其實為美國總統的秘密軍隊。一方面進行情報蒐集及分析工作，另一方面在海外執行秘密任務，如推動政變、刺殺他國領袖、以賄賂的方式拉攏盟友等等，書中列舉在一八九八至一九八九年期間，美國政府先後在古巴、墨西哥等拉丁美洲國家進行了四十次顛覆活動。

在別國發動戰爭

美國霸權主義昭然若揭，值得留意的是，不少被提到的國家都是位於美國的「後欄」，為了確保自身安全，美國會毫不猶豫地推翻不順眼的他國政權。薩克斯教授指，中情局多次成為歷屆美國總統的爪牙，執行秘密任務。例如一九五三年，為了保住伊朗的石油供應，中情局聯同英國軍情六處（MI6）推翻當時的政府；二〇一一年的「阿拉伯之春」，美國基於人道理由支持敍利亞反政府組織，要求總統阿薩德（Bashar al-Assad）下台，與沙地阿拉伯、以色列、土耳其等國合作，並利用中情局為組織提供武器、金錢和行動建議。薩克斯教授指，只有野心勃勃的帝國才會企圖以間接控制的方式強行管治他國。

自一九九〇年代起，美國在中東發動了五次戰爭，兩次在伊拉克，阿富汗、利比亞、敍利亞各一次，亦在也門、索馬里等小國進行小規模戰爭。人民因此流離失所，並必須遷往其他居住地，於是便產生大量難民。雖然如此，美國卻收緊移民政策，如在美墨邊界修築特朗普牆、以防恐為由禁止穆斯林國家人民入境等等，只為保障美國國民的利益。

有見及此，薩克斯教授以嚴峻的口吻寫下："I believe, along with the teachings of the ancient prophets, that a nation built on iniquity cannot long survive. It will come apart at the seams, as America may be doing today.”他明言，一個建基於罪惡的國家不能長存，美國將逐漸崩壞。我非常贊同其說法。

二〇二〇年十月八日、十一日及十四日《明報》〈三言堂〉

美國資深投資顧問發警告

美國資深投資顧問馬克格蘭特（Mark Grant）於二〇二〇年十月十一日在投資網站 Seeking Alpha 撰文“November 3 - A Country At War”，形容當前美國的政治環境恍如戰爭般緊張。格蘭特認為這次的總統大選與往年不同。縱然從前在選舉前夕，共和黨和民主黨之間的競爭激烈，但都是君子之爭，不會完全對立。然而，這一屆兩黨已失去最基本的禮貌（civility），只想拼個你死我活。

格蘭特也認為隨着選舉日逼近，將發生更多使人震驚的事件，選舉充滿變數。例如，特朗普於十月一日在推特上宣佈自己確診新冠肺炎，兩黨在競選期間互相指摘對方舞弊、勾結外國勢力等，關於候選人的醜聞接踵而來。我對此看法並不感到意外。從不同渠道可得知，美國的極端組織眾多，例如曾於九月二十九日總統候選人論壇上，拜登提到的極右組織驕傲男孩（Proud Boys），便被指是武裝組織。根據 CNN 報道，驕傲男孩其中兩名成員在二〇一九年被控襲擊反法西斯主義的示威者。又譬如在密歇根州，聯邦調查局搗破極右民兵組織 Militia 綁架民主黨州長惠特默（Gretchen Whitmer）的計劃。社會氣氛緊張，我相信即使十一月迎來選舉結果，兩個陣營的支持者也不會輕易接受，甚至會發生騷亂。

鑑於政治因素不明確，格蘭特預測美國市場將受到負面影響。舉例而言，美國聯儲局把十年期國債的利率降至接近零，非常罕見。以目前的狀況看，格蘭特直言與其手持十年期國債，倒不如儲存現鈔，或者投資交易所買賣基金（ETF）。

格蘭特藉文章發出警示，並在短短一日吸引了五十一個評論。然而當我在十月十三日回顧該文章時，竟發現文章已下架，原因是不符合該網站的編輯方針。不知文章下架是否變相打壓言論自由呢？

二〇二〇年十月十七日《明報》〈三言堂〉

特朗普強行委任巴雷特

距離美國總統大選只有個多星期，特朗普提名巴雷特法官（Amy Coney Barrett）接替已故金斯伯格大法官（Ruth Bader Ginsburg）成為最高法院大法官，議案已於二〇二〇年十月二十六日的美國參議院上通過。《彭博商業周刊》（*Bloomberg Businessweek*）則在法案通過前刊登文章 "Pack the Supreme Court, or Strip its Powers?" 討論有關議題。

文章指出，巴雷特的加入將造成最高法院六位保守派法官與三位自由民主派法官對峙的局面。坊間一直傳言美國大選後，無論誰勝出都必將對簿公堂，最終或許與二〇〇〇年喬治布殊和戈爾的大選結果一般，按照最高法院的裁定決定誰會出任下屆總統。特朗普大抵相信在此時讓保守派法官成為最高法院的大多數將對其有利。

巴雷特法官的往績惹人爭議。根據《紐約時報》（*The New York Times*）報道，二〇〇六年，在羅訴韋德案（Roe v. Wade）裁定美國女性擁有墮胎的憲制權利後，巴雷特卻簽署反對墮胎權的公告，稱該案為一個「barbaric legacy」。美國女權團體認為巴雷特的立場使這次任命與限制墮胎權畫上等號，因此於十月十七日上街示威抗議。

特朗普此舉無疑觸怒了民主黨，一些進取的議員和左翼分子提議擴張最高法院，增加法官人數，希望加入自由民主派法官來制衡保守派法官。文章提醒，民主黨需於十一月勝出總統大選，且保證可控制國會，方能為議案吸引更多支持。事實上，共和黨與民主黨之間已非首次發生有關法官任命事宜的爭拗。二〇一六年，時任總統奧巴馬提名梅域加蘭（Merrick Garland）接替已故最高法院大法官安東寧斯卡利亞（Antonin Scalia）的空缺。然而，當時參議院受共和黨控制，提名終被擱置。

二〇二〇年十月二十九日《明報》〈三言堂〉

自由民主危危乎

西方國家素來擁抱自由民主（liberal democracy），更認為民主最能保障公民的人權和自由。數百年來，民主使西方國家富強，造就人民美好生活，因此很多國家或地區均希望跟隨西方國家的腳步，追求民主自由。然而，全球政局發展至今，這個制度仍然有效運作嗎？

雅典民主是直接民主

民主的發展源遠流長，最為家喻戶曉的例子是雅典民主。Democracy（民主）是合成古希臘語「demos」和「cracy」，意思是rule of the people。雅典民主屬於直接民主，因為當時雅典的人口少，公民可在公民大會上議事和決定政策。不過，公民的釋義狹隘，只有二十歲以上的男子符合資格，外國人、婦女和奴隸則不能享有相同權利。其後，民主理念透過希羅文化不斷流傳，一直影響西方國家，並在當地醞釀、演進。一六八八年，英國的光榮革命（Glorious Revolution）推翻了君王的絕對權力。一六八九年威廉三世簽署《權利法案》後，君主立憲制正式在英國形成，並奠定代議民主制（representative democracy）的基礎。

到了一九九〇年代實行威權主義（Authoritarianism）的蘇聯解體後，民主美國公認為引領世界的超級大國。這個局面彷彿證明了自由民主大獲全勝。美籍日本學者弗朗西斯福山（Francis Fukuyama）在一九九二年出版的書籍《歷史的終結及最後之人》（*The End of History and the Last Man*）中大力讚許民主制，稱其終將成為所有國家和政府的最後形式。然而，回顧英美國家近三十年的情況可見，所謂自由民主已發展成截然不同的景象，福山後來也糾正了其結論。以是次美國總統大選為例，選舉前夕紛爭不斷，兩黨互相謾罵，社會嚴重撕裂，民間更已出現武鬥。有學者甚至認為這次選舉是考驗美式民主的存亡。

美國總統大選考驗民主制度

美國總統大選前夕，不少美國學者均表示，若由特朗普勝出大選，將是美國地位勢力的結束（the end of American power）。美國新聞網站沃克斯（Vox）刊登 Sean Illing 與美國學者 Pippa Norris 的對談“2020 Election: Why the Republican Party Threatens Democracy”，指出十一月的大選，若由共和黨繼續勝出，將是對美式民主的考驗，認為這場選舉並非選出美國領袖那麼簡單，而是將民主的前途放在選票上（democracy on ballot），也是對美國人民的考驗，因為他們的選票終將導向往後自由民主何去何從。

Norris 指出，共和黨近年發展愈趨惡劣。他們的鐵票中，大部份都是年老的白種人，而這個群組正持續老化及萎縮。特朗普掌政的四年，共和黨不斷利用權力更改遊戲規則，只為方便獲取自身政治利益，其實是扭曲美國的民主進程。

Norris 提到美國選舉的其中一項難處，是各州份有不同的選舉制度，只要有一個州份發生爭議，整個選舉進程都會拖延。例如，在二〇〇〇年喬治布殊對戰戈爾的大選中，由於佛羅里達州的點票工作出現問題，直接拖慢了整體點票過程，最後由法院裁決誰主白宮。而且，兩黨掌控不同州份的政府，會使出各種對己有利的手段。在香港，選舉委員會獨立於各黨派，負責按照法例監察整場選舉和安排行政事宜，並不能輕易更改程序，以示公平公正。

除此以外，二〇一九年，Norris 曾諮詢二千位專家有關全球主流政黨，分別在稅務政策、醫療福利及環境政策等議題上的取態。結果顯示，美國共和黨的政綱與歐洲非法政黨相似，如希臘新法西斯主義組織金色黎明（Golden Dawn），處處透露民主將在美國逐漸變質的跡象。

二〇二〇年十一月一日及四日《明報》〈三言堂〉

美國大選照妖鏡

美國總統大選點票白熱化，據美國有線新聞網絡（CNN）報道，截至本港時間二〇二〇年十一月六日上午，拜登已獲二百五十三張選舉人票、七千三百萬張普選票；特朗普則獲二百一十三張選舉人票、六千九百萬張普選票。餘下亞利桑那州、賓夕法尼亞州、喬治亞州、內華達州和北卡羅來納州這五個州份則未完成點票。賓州民主黨議員很有信心地說遲來的郵寄選票都是拜登的支持者，於是特朗普高聲疾呼遲來的選票都是非法的，批評仍在點票的州份舞弊，又指民主黨是party of big donors, big media and big tech。

只要拜登拿下賓州的二十張選舉人票，便超過二百七十張選舉人票的當選門檻，勝出大選。但是以票數分佈來看，拜登並不輕鬆。雖然整體教育水平較高的沿岸州份多支持拜登，但在搖擺州份，拜登只在密歇根州和威斯康辛州勝出。相信是因他身為白人男性，擁有多年參議員資歷，並當過副總統，人緣較好，較易得到兩州選民支持。

大選前，很多人批評特朗普胡亂應對疫情，多次公開發表種族歧視言論，《經濟學人》（*The Economist*）直指他玷污美國價值（desecrated the values），但是特朗普依然在中西部的農業州份勝出，選情比預期更好。有評論員在接受CNN訪問時指出，選民這種投票意向反映不少美國人仍然有種族歧視傾向，並指當年奧巴馬勝出只是例外。

此外，別忘記紅藍之爭也包括三十三個參議院議席、十個州長和眾議院議席的改選。根據CNN報道，截至本港時間十一月五日，共和黨和民主黨在參議院中各佔四十七席，許多本以為弱勢的共和黨議員意外勝出。換言之，縱然拜登出任總統，將面對不能駕馭的參議院，施政將會諸多阻滯，大選前美國民主制度造成國家嚴重分裂也將持續。

二〇二〇年十一月七日《明報》〈三言堂〉

為何拜登會取勝？

本港時間二〇二〇年十一月八日，拜登共獲二百七十九張選舉人票，順利跨過當選門檻。這次美國總統大選破了不少紀錄，拜登成為歷年來年紀最大的當選人和首位贏得大選的副總統，美國出現首位黑人女性副總統，選民投票率也創下新高紀錄。

雖然拜登勝出大選，美國並沒出現「藍色浪潮」（blue wave）。此次紅藍之爭除了總統大選，還有三十五個參議院和多個眾議院議席的改選，以及十一個州長選舉。截至本港時間十一月九日，民主黨在參議院贏得四十八席，僅與共和黨打成平手。據英國 BBC 報道，喬治亞州參議院議席或需進入兩輪決選（run-off），也因此預計參議院之爭需至明年一月才能分出勝負。至於在眾議院議席選舉中，據美國 CNN 報道，截至本港時間十一月九日，民主黨暫奪二百一十三席，已失去七席，而目前為止共和黨則奪得一百九十九席。民主黨在國會選舉受到挫敗，拜登坐上總統之位後將面對不易駕馭的國會。

回看總統大選，我認為拜登勝出有幾項成功因素。首先特朗普應對新冠疫情表現惡劣。截至本港時間十一月八日下午，美國錄得共約一千萬確診者，單日確診個案升至十萬，成為全球之首。抗疫失敗成為特朗普的致命傷，等於為拜登奉上彈藥。雖然特朗普企圖轉移視線，批評拜登對中國軟弱及其子的貪腐醜聞，但是未能蓋過大部份國民對特朗普政府處理疫情的不滿。

其次，拜登擁有豐富的參議院經驗。他與共和黨參議院領袖麥康奈爾（Mitch McConnell）關係不錯，有望能憑其在國會的豐富人脈關係打破撥款救經濟的僵局。此外，他跟隨奧巴馬的口徑，強調團結國民。譬如，他勝出時稱「沒有紅色州份或藍色州份，只有一個聯合的美利堅合眾國」。面對美國如此撕裂的局面，或許拜登正是被時代選中的人（Man of the Moment）。

二〇二〇年十一月十日《明報》〈三言堂〉

拜登當選對美港政策的影響

二〇二〇年十一月七日，美國傳媒表示，雖然總統大選的點票工作仍在進行，但因候選人拜登預計已成功取下賓夕凡尼亞州，獲得超過二百七十張選舉人票，故他已宣佈成為美國總統的當選人（President-elect）。

很多傳媒朋友聯絡我，問我對這位前奧巴馬副總統上台有何看法，特別是美國對香港政策會否改變，以及何時會取消對香港的制裁等。我的意見如下：

首先，拜登要在二〇二一年一月才上台執政，相信他的首要任務是處理國內新型冠狀病毒的疫情。眾所周知，美國每天的新增確診人數已超過十萬，再加上有幾千萬名選民出來投票，恐怕交叉感染的問題將會更加嚴重。另外，拜登亦要努力與國會達成協議，推出振興經濟的財政方案，故此，處理香港問題不是他的首要任務。

外交政策方面，與特朗普相比，我相信拜登將會較為理性及審慎處理對華政策。譬如在貿易上，相信不會單純考慮貿易逆差的數字，而會重視美國人認為的所謂「不公平貿易」，以及一些系統性問題，如指責中國企業獲得國家補貼、知識產權的處理，以及市場開放等等。

另外，因拜登曾任奧巴馬副總統達八年之久，預計他將會繼承奧巴馬的對華政策。奧巴馬在任期間，於處理完中東問題，從伊拉克撤軍後，便決定重返亞洲，增強影響力。例如他曾力推「跨太平洋伙伴關係協定（The Trans-Pacific Partnership, TPP）」，以壓制中國的崛起，阻止中國於亞太地區增加影響力，估計拜登會延續相關政策，繼續圍堵中國。

至於香港問題，我認為只屬美國對華政策的一小部份。目前我看不到有甚麼原因，令美國提出新一輪的制裁；但同樣地，亦看不到有甚麼原因，令美國取消現有的制裁。事實上，二〇一九年美國通過《香港人權與民主法案二〇一九》，以及二〇二〇年七月十四日通過《香港自治法案》，都是幾乎獲得國會迅速通過。換句話說，民主黨同樣支持以民主、人權及自治等為藉口打壓香港，拜登不可能於上台後便立即將之取消。

民主黨一向以重視人權自居，黨內有很多所謂人權鷹派。我相信美國對港政策，會待中美關係有所突破，又或香港官員能成功說服美方，通過《港區國安法》對香港的「一國兩制」及人權自由沒有損害之後，才會有所改變。

二〇二〇年十一月八日 facebook

美國民主黨表現不似預期

美國紅藍之爭的戰場，除了總統之位，還有國會、州長和州議會議席。今屆民主黨在參議院和眾議院表現一般，截至本港時間二〇二〇年十一月十日，民主黨已失去七個眾議院議席。美國《財富》雜誌（*Fortune*）刊登文章 **"Democrats Suffer Big Losses in State Legislatures During a Crucial Year for Redistricting"**，指出二〇二〇年是重劃議區的關鍵年份，雖然民主黨預期於十個州議會翻盤，結果除了亞利桑那州外，其餘都不達標，算盤打不響，未來難以控制州議會。

民主黨提倡民主價值，如人權自由、平等機會等，而支持者多為學歷較高的知識分子。芝加哥大學一項調查發現，受訪者中沒有大學學位的白人只有百分之三十四投票給拜登。細看這次美國選舉版圖，拜登勝出的藍區多為東西兩岸大城市坐落的州份。此外，同項調查指出，受訪者中的少數族裔如非裔和亞裔，分別有九成和七成為拜登支持者。

另一方面，從選舉版圖中可見，中西部農業州份更傾向選擇共和黨，相信是因為商界對民主黨的政治取態有所保留。他們擔心民主黨的左翼人士崇尚福利主義，向商界賦重稅，從而影響自由經濟的發展。有多個選前民調稱拜登領先百分之十，但是至今他仍未獲得超過三百張選舉人票。因此，在這次紅藍之爭中，雖然民主黨獲得破紀錄捐款，以及特朗普處理疫情手法惡劣，但並未能以壓倒性姿態擊敗共和黨，可見共和黨在美國的勢力十分龐大。而且，有報道指特朗普不願交出權力，據聞是國務卿蓬佩奧覬覦下屆總統之位，唆使其不要認輸，亦可見共和黨很有決心四年後重掌權力。

二〇二〇年十一月十三日《明報》〈三言堂〉

美國民主劣質化

美國總統大選已經在二〇二〇年十一月三日舉行，點票程序仍在進行中，特朗普依然不願承認落敗，但普遍相信拜登當選毫無懸念。無論在選舉前後，皆有不少著名的評論員撰文指出，美國民主正邁向劣質化，甚至接近崩潰邊緣。

例如我在史丹福大學深造時的論文老師，素有「民主大師」之稱的戴雅門教授（Professor Larry Diamond）在十一月一日在《紐約時報》（*The New York Times*）發表題為"I'm a Democracy Expert. I Never Thought We'd Be So Close to a Breakdown"的文章。

戴雅門教授指出美國民主有諸多問題，當中最嚴重的是選舉制度的流弊。不同於香港或其他英聯邦國家，美國並無獨立的選舉委員會，負責執行全國統一的選舉制度，以及監察選舉過程，而個別州份甚至出現選民壓制（voter suppression），透過阻止特定人群投票以影響選舉結果。

戴雅門教授認為，雖然《選舉法案》於一九六五年通過，保障了非裔美國人及其他少數族裔的投票權，但美國最高法院於二〇一三年的裁決無疑掏空了《選舉法案》。最高法院當年裁定《選舉法案》的部份條款過時，撤銷該法的約束，亦即容許州政府改變該州份的選舉安排，事前無須獲得聯邦政府的同意。

從此，美國一些州份陸續推行針對個別類型選民的新安排，親共和黨的州務卿修改法例及頒佈行政命令，針對非裔及西班牙裔美國人、年輕人、城市居民，令這些傳統上構建民主黨選民基礎的人群難以成功投票。這些選民壓制的行為，重創美國民主的第三大支柱，即自由公平的選舉（free and fair election），導致美國民主制度劣質化。

美國民主的另兩大支柱，即自由（liberty）和法治（rule of law）雖然挺拔，但亦難免受到特朗普的傷害。其中，美國的新聞自由雖然受美國憲法第一修正案保障，特朗普卻經常公開批評新聞媒體為人民公敵，意圖削弱傳媒的公信力。特朗普亦打擊法治，例如將五名負責調查白宮內瀆職行為的檢察總長革職，亦拒絕公開稅務記錄，甚至簽署行政命令特赦多名干犯重罪的政治盟友。

然而，戴雅門教授認為現今美國民主的劣質化程度，並非特朗普個人所造成的。在總統大選舉行兩日後，戴雅門教授在《外交》雜誌（*Foreign Policy*）撰寫題為“**A New Administration Won't Heal American Democracy**”的文章，指出兩極化的黨派鬥爭及種族衝突在美國社會根深柢固，美國民主早在十年前已開始倒退，尤以特朗普擔任總統期間，倒退情況更為嚴重。他認為特朗普宣揚專制的民粹主義（Illiberal Populism），令民主體制崩壞，例如政黨理念單一化傾斜種族或宗教議題，政黨間嚴重對立不能就全國性政策達成共識，選民更把政黨看待為一個部落，隨時與異己對抗。以上社會現象，皆普遍出現在奉行威權主義（Authoritarianism）的國家中，例如委內瑞拉、土耳其，足證美國民主已經劣質化。

戴雅門教授指出即使拜登當選，美國民主的素質並不會迅速好轉。社交媒體充斥煽情而失實的內容，人民的憤怒和對立不斷滋長。加上中美角力以及世界局勢的快速變遷，在內憂外患下，美國要捍衛民主大國的身份舉步維艱。戴雅門教授認為，美國人必須重新擁抱互相包容彼此忍耐的精神，美國民主才有機會復原。

二〇二〇年十一月十六日及十九日《明報》〈三言堂〉

美暴徒大鬧國會現眼報

美國總統大選引發各種各樣的風波、醜聞，真的叫人嘆為觀止，從投票到點票程序，再到拜登獲得三百零六張選舉人票勝出成為候任總統，各種爭拗都沒停過。共和黨黨員凱利便曾就賓夕法尼亞州的郵寄選票入稟當地最高法院，但遭駁回。紅藍之爭持續多時，即使進入政權移交階段，仍是醜態百出。

譬如說，特朗普無理迫壓手下，被指濫權。根據報道，特朗普致電喬治亞州州務卿拉芬斯珀格（Brad Raffensperger），要求對方為他找一萬一千七百八十張選票，讓他反勝拜登。此外，特朗普縱容支持者搗亂確認選舉人票的程序，甚至謠傳要求副總統彭斯推翻選舉結果。共和黨德州參議員克魯茲（Ted Cruz）連同十多名黨員曾公開表示不會認可點票結果，又促請查核選舉結果；共和黨密蘇里州參議員霍利（Josh Hawley）在特朗普支持者闖入國會山莊衝突後，仍堅持反對賓夕法尼亞州的選舉結果。

特朗普在網絡上拒絕認輸及繼續挑戰選舉結果，法律團隊多次聲稱手握舞弊證據，相信其支持者的情緒因而受到鼓動，使局勢走向極端。二〇二一年一月六日，國會就總統大選選舉人票最後點算及確認，這邊廂副總統彭斯正主持兩黨聯席會議，並早已明言無權反對選舉結果；那邊廂，特朗普在白宮外發表演説，聲稱「我們永不退讓」，下午便有大批支持者闖入國會山莊肆意破壞，打斷會議，又與警方發生衝突，執筆時事件已有五人死亡，華盛頓因此要宵禁。

此情此景，不禁使人憶起香港立法會在二〇一九年七月一日遭暴徒橫蠻衝擊和佔領。事實上，立法機關在政制體系中有重要憲制地位，暴力闖入屬極為嚴重的罪行，甚至有機會被視為顛覆。不過想當初美國政客及國外主流傳媒非但沒有譴責在香港發生的暴力事件，還紛紛支持暴徒，奉為民主英雄。然而，今天同樣事情發生在美國時，態度卻是截然不同。拜登痛斥衝擊國會者為極端分子，指「蠻闖國會的行為不是示威，而是叛亂」（it's not protest, it's insurrection），更有時事評論員批評滋事分子正進行本土恐怖活動（domestic terrorism）。

二〇二一年一月九日《明報》〈三言堂〉

美國商界如何看待選舉鬧劇

美國進入政權移交階段仍風波連連，社會上人心惶惶。以美國商界為例，在發生國會流血事件前，商界人士 Alan Murray 於《財富》雜誌（*Fortune*）的 CEO Daily 發文"Business Backs Democracy"，引述美國巨企領導人組成的商業圓桌會議（Business Roundtable），明言本屆美國總統大選的結果毋庸置疑。而發生國會山莊的鬧劇後，Murray 再發文"A Coup Attempt and an Undivided Government"，指是次事件是由落選總統策劃的政變，更大嘆這種只會發生於小說的情節竟在現實上演。

其實正如 Murray 引述全國製造商協會（National Association of Manufacturers），每場選舉都會有人失望。既然各州已經確認選票的合法性，並且特朗普團隊入稟多個州法院均敗訴，大選結果已塵埃落定。然而，特朗普堅決不服輸、任意濫權，再在二〇二一年一月六日在白宮外煽動群眾，正是公然破壞民主和法治，引發連串社會問題，使社會動盪。

而最令人感到驚訝的是，根據 YouGov 調查，有百分之四十五共和黨支持者同意衝擊國會，可預想商界擔憂美國民眾的激進政治取態或將打擊營商環境。

國會事件的同日，喬治亞州第二輪選舉結果也正式出爐，兩席皆由民主黨囊括。這個州向來是共和黨票倉，棄揀共和黨相信反映了選民對特朗普的不滿。Murray 提到，其實美國商界期待參議院不要落入民主黨的控制中，並讓溫和派如羅姆尼（Mitt Romney）、柯林斯（Susan Collins）等可以發揮更大影響力，制衡執政黨。我相信商界是擔心拜登上任後，將受制於黨內年輕後起之秀，其治國理念或將為商界製造矛盾。而 Murray 在文末問到 Can we move on?，或許正是拜登首要解答美國民眾的憂慮，也是能否讓商界重拾信心的關鍵。

二〇二一年一月十二日《明報》〈三言堂〉

美國商界拒向暴力支持者捐款

二〇二一年一月六日衝擊美國國會事件後續發展跌宕起伏。美國傳媒報道，眾議院民主黨議員提交彈劾議案，指控特朗普煽動叛亂，並促請副總統彭斯引用憲法第二十五條修正案，罷免特朗普的職務。本文見報時，距離特朗普完成任期還餘五天，眾議院便以二百三十二票比一百九十七票通過彈劾議案，相信民主黨是趁機窮追猛打，希望防止特朗普東山再起。美國商界亦開始公開回應事件，財經網站 Seeking Alpha 刊登題為"Corporate America Reconsiders Political Funding after Storming of U.S. Capitol"的文章，指多間美國巨企在衝擊事件後，紛紛暫停資助政治活動。

大型連鎖酒店集團萬豪（Marriott International）的發言人形容，特朗普支持者衝擊國會削弱了選舉的合法性及公平性。科默斯銀行（Commerce Bancshares）及美國藍十字（Blue Cross Blue Shield Association）等也暫停向反對選舉結果的議員捐款。二〇一九年高調來港支持黑暴的密蘇里州參議員霍利（Josh Hawley），首先提出在兩黨聯席會議上反對選舉人票結果的參議員，在國會衝擊事件後面對各界猛烈抨擊，更有商界公開與其割席。花旗集團發現轄下政治行動委員會（Political Action Committee），早前曾向霍利的競選工程提供一千美元資助後，宣佈暫停捐款。

特朗普一貫依賴的推特（Twitter）更直指特朗普在網絡散播煽動暴力的言論，其賬戶的存在或會引發更多暴力，因此決定永久關閉其賬號。其他科技巨頭 facebook 和 Snapchat 亦緊接表示考慮採取類似行動。

美國局勢的發展確實駭人聽聞，有人質疑美國的民主制度是否全面崩壞？我認為至少商界等持份者仍然清醒，保持理智，美國傳統精英明白美國民主制度的根基在哪裏，而本屆總統大選已在爭議聲中按程序完成，特朗普團隊在多個州法院提出的訴訟，絕大部份已遭駁回，但不能否認美式民主的弊端的確在事件中表露無遺。

二〇二一年一月十五日《明報》〈三言堂〉

國會山莊暴亂的啟示

美國國會眾議院議長佩洛西説二〇二一年一月六日是「美國民主可恥的一天」（a shameful assault was made on our democracy），皆因那天有大批特朗普支持者攻入國會山莊，引發暴亂，造成至少五死數百人受傷，震驚世界。特朗普因而背上「煽動叛亂」（inciting sedition）之名，民主黨眾議員對他窮追猛打，讓他成為「美國史上首位被兩度彈劾的總統」，twitter、facebook、snapchat 等多個網絡社交平台宣佈封鎖其賬號，特朗普儼如落水狗。

西方完美演繹雙重標準

相對於香港黑暴期間，美國政客、西方領袖及傳媒歌頌暴徒衝擊立法會的暴行是追求民主自由的表現；這一次，西方各界完美演繹何謂雙重標準，他們強烈譴責暴力，指衝擊者是暴徒（rioter）、暴民（mob）。候任美國總統拜登痛斥暴徒行為「不是抗議，而是叛亂」（is not protest, it is insurrection），副總統彭斯直斥「暴力永不會獲勝」（violence never wins）。美國警方火速大規模拘捕暴徒。美國商界反應也甚迅速，萬豪集團、美國藍十字等企業暫停向反對大選結果的議員捐款，另外也有企業解僱了有參加暴亂的僱員，各界都急於和暴亂劃清界線。

獲民意授權不等於是好領袖

我則認為，國會山莊一役反映了西方民主的流弊，對香港有啟示，值得深思。

首先，港人常把「民意授權」掛在嘴邊，認為在選舉中得到很多票就是有民意授權。相反，歷屆行政長官則因為並非直選產生，一直遭詬病沒有民意授權。直選當然有其好處，但是，是否得票多、有民意授權，就是好領袖？就是公義的化身？

多年前，我因為說「希特拉都係選出嚟」而遭受責難，指我將民主污名化。美國學者 Professor Richard F. Hamilton（Ohio State University）的研究著作 *Who Voted for Hitler*

（Princeton University Press, 1982）分析了希特拉在選舉中取得成功的因由，但是他對世界的破壞，歷史已有公論。

回說特朗普，他在二〇一六年的總統大選得票六千多萬，取得三百零四張選舉人票，壓倒希拉里而上台。今屆大選他取得七千多萬票，比上屆還要多。可是他在任四年，行徑瘋狂，退出巴黎氣候協議、對伊朗限核協議、在美墨邊界建邊境牆、抗疫失利等等，可謂劣跡斑斑，謊話連篇，但得票卻大幅增加，反映得票多，有民意授權，不等於就是擁護民主價值、能為人民謀福祉的好領袖。

造成這種現象的其中一個原因是，西方社會已有幾百年選舉經驗，選舉機器非常成熟，加上互聯網崛起，政黨政客懂得利用社交媒體操控民意、影響選舉結果，除了巨額政治廣告宣傳自己，抹黑對手的手段層出不窮，假消息鋪天蓋地。而且如今世界各地均因貧富差距擴大，民意走向兩極化，社會撕裂，勝負差異極微，因此，勝出選舉者只能算是一方代表，不能代表全民意願。以往美國人民尚且尊重大選結果，如今這底線被特朗普及其支持者打破，對美國甚至全球的民主發展有深遠的負面影響。

社會撕裂衝擊制度

第二，我認為美國的民主制度雖然受到衝擊，卻沒全面崩壞。雖然整場大選鬧哄哄的，特朗普質疑郵寄選票有問題，投票仍按程序完成。後來特朗普團隊在多個州法院提出訴訟，絕大部份已遭駁回，反映法庭獨立公正。司法部長巴爾（William Barr）指稱「沒有發現舞弊證據」，最後參眾兩院在一片烽煙下完成確立拜登為總統當選人的程序，拜登當選完全合法。商界翹楚也一致譴責暴力及拒絕支持質疑選舉結果的政客，可見美國民主精神及制度仍然牢固。

問題在於美國社會已徹底撕裂，走向兩極，不利制度穩定。有評論認為美國早前黑人維權運動（Black Lives Matter）的暴徒是黑人，因此警察絕不手軟。今次暴亂的是白人，則有人認為國會警察「放軟手腳」讓他們輕易攻入；但是也有人認為他們是「白人至上」恐怖分子（White Supremacy），和他們誓不兩立。目前美國朝野正為一月二十日的總統就職典禮可能爆發全國騷亂而煩惱。

民主大國地位動搖

第三，目前發展較成熟的自由民主國家，很多都是人口少、人口組合單一、沒有歷史性種族宗教或意識形態分裂的國家，例如北歐國家丹麥、挪威等等。正如被認為是民主起源的希臘雅典便是人口少而單一的城邦。相對地，亞里士多德提倡的由中產領導的民主政體在美國這種地方大、人口多、社會撕裂的國家較難實現。這點在學者 Gregory R. Johnson 的著作 *Liberty and Democracy*（Stanford University, 2002）中有提及。

換句話說，美國民主體制的發展大抵已來到臨界點，今屆總統大選及國會山莊暴亂把問題浮上水面，即使制度目前仍撐得住，但是長遠發展會繼續完善還是走向崩壞，還是未知之數，但美國引領世界民主發展的模範地位，則已動搖。

香港宜發展自己的一套

以香港目前那麼對立撕裂的局面，是否適合追着美國的一套跑，實在值得商榷。反之，我認為香港要追溯當初實行「一國兩制」的初心。鄧小平先生早在一九八七年已提出，「香港的制度不能完全西化，不能照搬西方的一套。……現在如果完全照搬，比如搞「三權分立」，搞英美的議會制度，並以此判斷是否民主，恐怕不適宜。」想不到三十四年過去，現在看來，所言甚是。香港實在應該在「一國兩制」框架下，發展適合自己社會環境的政制。

二〇二一年一月十八日《經濟通》

充斥着極端主義的美國

連串風波後，拜登終於二〇二一年一月二十日正式宣誓就任美國第四十六屆總統。總統致辭成為宣誓大典上的焦點之一。有別於前總統甘迺迪、奧巴馬的華麗辭藻，拜登的演講簡潔樸實，理念易明，主要環繞民主的重要性。他形容，「民主很珍貴」（democracy is precious），捍衛民主制度需要「國家人民團結一致」（bringing America together, uniting our people）。但美國民風強悍，社會上充斥個人主義，要團結全民，談何容易。

記得就讀史丹福大學時，清史教授 Professor Sommer 提醒我們這些留學生，美國有大量潛在暴力，休假時不要到處亂逛，尤其避免闖入郊區農場，因為這些居民大多持有槍械，可能隨時向亂闖者開槍。

之前有黑人維權運動（Black Lives Matter），之後的總統大選把紅藍之爭推向極端，不論是國會山莊衝擊，還是宣誓大典前夕，特朗普支持者向時任副總統彭斯及拜登支持者發出的死亡恐嚇，都反映美國社會嚴重撕裂，動盪不安，人民躁動。拜登就職不等於問題獲解決。

拜登在演講時承認美國出現「極端政治主義、白人至上主義、本土恐怖主義」（rise in political extremism, white supremacy, domestic terrorism）等問題。他提到，「很多地方需要修補、修復」（much to repair...restore），可見他企圖緩和社會情緒，修補兩大陣營之間的關係，從而繼續推動美式民主進程。

拜登可以順利擺平一切嗎？以下兩宗和極端組織有關的事件反映問題的嚴重性。

一宗是二十世紀著名荷里活女星莎朗蒂（Sharon Tate）遭文遜家族（Manson Family）謀殺一案。文遜家族是成立於加州的邪教組織。一九六九年八月九日，四名文遜家族信徒闖入莎朗蒂的住宅，亂刀刺死懷有八個月身孕的莎朗蒂及另外四名友人。此事使美國的邪教組織及極端思想舉世關注。

另一宗是大衛教慘案（Waco Siege）。大衛教（Branch Davidians）亦是邪教，信徒主要分佈於得克薩斯州。一九九三年，美國聯邦執法部門為打擊非法管有槍械和爆炸品，先後兩次突襲大衛教分支營地。在首次突襲中，四名執法人員及六名信徒身亡，而第二次突襲更引致火災，造成七十六名信徒死亡，包括教主大衛考雷什（David Koresh）及不少兒童。不但如此，事件進一步引發本土恐怖主義，一九九五年四月十九日，退伍軍人提摩太麥克維（Timothy McVeigh）策劃奧克拉荷馬城市政大樓爆炸（Oklahoma City Bombing），聲稱就大衛教慘案向政府報復，造成一百六十八人死亡。

這兩件事件凸顯美國社會存有不少潛在暴力，又經常有邪教教派或極端組織進行本土恐怖活動。今屆的總統大選，眾多特朗普支持者相信大選舞弊、民主黨竊取勝利結果，甚至不惜攻入國會山莊，企圖以暴力阻擋兩黨聯席會議確認大選結果。當中不乏驕傲男孩（Proud Boys）、匿名者Q（QAnon）等極端組織蓄意為之。由此可見，縱然今屆大選按照制度及程序完成，美國社會卻處於嚴重撕裂的狀態。若要達成國家團結的期望，拜登可謂任重道遠，困難重重。

二〇二一年一月二十七日及三十日《明報》〈三言堂〉

美國對華政策可以謙虛一點

政治專欄作家 Daniel R. Depetris 於美國《新聞周刊》（*Newsweek*）》網上版發表了一篇有關中美關係的文章"The U.S. Should Add a Little Humility to its China Policy"，我覺得他寫得十分中肯。他於文中表示，雖然目前中美關係陷於低谷，但過去曾有一段時間，兩國關係良好，當時美國接受中國將發展成世界大國。

記得我在一九九八年擔任入境處處長時，克林頓訪問中國，並順道訪港。當時他指美國對中國的政策是「建設性的交往政策」（constructive engagement），並對記者表示，孤立中國是不可行的，他相信中國將繼續自由化，因為中國要讓人民自由，才能發揮所長，在世界舞台上起舞。

克林頓的繼任人喬治布殊，雖然份屬不同政黨，但上任後依然沿用這政策。二〇〇二年喬治布殊訪問中國，他對中國的急速現代化及生產力的提升大加表揚，指中國正處於上升的軌道。他更表示，美國歡迎強大、繁榮及和平的中國。

回顧這些歷史，作者表示這些美國領導人似乎有點天真。中美關係發展至今已然「in the toilet」，意指關係已跌至極低點。過去對中國樂觀的看法，於目前華府內已徹底改變，目前華府最擔心中國於亞洲建立霸權。故此美國戰艦經常橫跨南中國海及台灣海峽，以警告北京不可以將太平洋當成自己的湖泊。而國會議員無論來自政治光譜的任何一端，均大聲批評中國所謂竊取知識產權，又或網絡攻擊等，以及鼓吹美國於亞洲增加軍事力量。美國印度太平洋艦隊的海軍上將 Adm. Philip Davidson，便要求華府於五年內增加二百七十億美元撥款，強化空中防衛及監察系統，並於區內興建多個軍事基地。

另外，制裁中國官員已是家常便飯，國會議員均成了對付中國的鷹派，提出針對中國的法案。在這氛圍下，美國群眾對中國的看法自然變得負面。美國著名民調和智庫機構 Pew Research Center 發表報告，指有百分之八十九的美國人視中國為競爭者或敵人，百分之五十五美國人希望限制中國學生到美國留學。另外，三分二美國人對中國態度冷淡，比二〇一八年的百分之二十一增加不少。

然而，在目前局勢下，美國並沒有回答兩個核心問題：第一，美國是否有足夠實力圍堵中國？第二，這種冷戰模式的圍堵策略，是否理想的政策？

作者表示，目前最關鍵是美國能否獲得盟友的協助。雖然拜登上台後表示要重建與盟友的關係，但其實知易行難。一直以來，美國經常以為歐洲及亞洲盟友會機械式地追隨美國走。但事實上，這些盟友均各自有利益優次和秩序的考慮。

以歐盟為例，雖然就新疆問題制裁了部份中國官員，表面上是跟隨美國的步伐，但是大家不要忘記，於二〇二〇年十二月三十一日，中國和歐盟達成歷史性投資協定。我認為今次的制裁行動，也許只是為了討好政客，讓這協定能順利通過歐洲議會而已。始終中國是歐洲最大的貿易伙伴，二〇二〇年的貿易額達七千億美元。作者表示，無論美國喜歡與否，均不能不對這些重要議題慎重考慮。

亞洲又如何呢？美國明顯地威逼盟友如日本、韓國、越南及菲律賓等國家表態。雖然部份國家與中國有領土爭議，但不等於這些亞洲國家會讓美國操縱其對華政策，因為這些國家的對華貿易額太大，中國已經是很多亞洲國家的第一貿易伙伴。

舉個例子，二〇一六年，韓國在美國的協助下，在國內部署薩德反導彈系統，事件令中國極度不滿，表示會對其國土安全造成影響。結果中國對韓國採取多項反制措施，例如杯葛樂天集團、禁止國民到韓國旅遊，甚至不讓韓國藝人到訪內地等。結果，韓國於二〇一七年的損失高達七十五億美元，相信韓國經此一役，不希望再得罪中國。

說到底，若美國要拉攏盟友，事前應認真考慮各國的實際情況，各國未必會完全聽從美國的指示。作者最後給美國寄語：美國的對華政策是否應該謙虛一點呢？這並不單止對中國謙虛，而是要照顧盟友的利益，對盟友都要謙虛，互相尊重，不要以高高在上的目光俯視別人。

二〇二一年三月二十五日 facebook

新冠肺炎引發的大國暗鬥

世界衞生組織於二〇二〇年三月十一日正式宣佈全球新冠肺炎大流行（Covid-19 Pandemic）。執筆時，意大利受感染死亡人數為三千四百零五人，數目已超過中國。美國和歐洲多個主要城市包括紐約、巴黎等由於人煙稠密，疫情較難控制，於是接連封城。

截至三月十九日，美國紐約市確診人數約四千人，比前一天增長一倍。為了控制疫情，美國總統特朗普先於三月十三日宣佈全國進入緊急狀態，及後簽署了 Coronavirus Relief Package。更有政府官員和議員促請國會盡快通過逾萬億美元的刺激經濟方案，包括向每名成年人發放一千美元，與特區政府向市民派發一萬港元的政策相似。

疫情當前，不少國家互相幫助。二月中國疫情嚴峻，日本不吝捐贈抗疫物資，紙皮箱上貼着「山川異域，風月同天」為中國打氣；三月中國成功控制疫情後，即向疫情加速蔓延的日本提供物資，回覆「青山一道，同擔風雨」。作為最早本土確診個案清零的國家，中國更向意大利、伊朗等國派出醫療專家團隊分享抗疫經驗，歐盟委員會主席也為此向中國表達了感謝。

然而，特朗普公開指稱新冠肺炎為中國病毒（Chinese Virus），企圖把責任全部推給中國，又在某次記者會中提到美國和某些地方正研製抗疫藥物和疫苗，惟獨沒提及中國科學家已發現日本藥物 Favipiravir 能有效治療新冠肺炎。我感到既失望又憤怒。失望的是特朗普身為國家元首，公然侮辱中華民族，有失風範；憤怒的是在這麼艱難的情況下他竟然火上加油，煽動種族歧視和仇外。

特朗普的行為使我想起舊日修讀英國文學時唸過的名著 *The Hopkins Manuscript*。故事講述主角發現月亮愈來愈大，判斷月球已脫離原有軌道，並將撞向地球。起初政府不想造成大眾恐慌便將此事隱瞞。後來各國終於合作應對，卻仍然阻止不了月球撞落大西洋。捱過天災後，科學家發現月球遺骸含有珍貴資源。於是，人們非但沒有互相幫助重建家園，反而引起各國爭奪，引發另一場浩劫。小說寫於第二次世界大戰前夕，作者欲諷刺各國縱然察覺到希特拉的野心，但出於貪婪和自私仍各自為政、鬥爭不息。

藉着小說的寓意，我請各國掌權者反思現況。自疫情爆發以來，美國敵視中國，多次堅持病毒源自中國，使兩國關係緊張。如今美國疫情嚴峻，特朗普政府竟企圖利用中國轉移國民的注意力。事實上，現時還未有確鑿的科學根據追溯病毒的發源地。在香港，早前袁國勇教授和龍振邦教授撤回了相關文章。再者，今日美國的苦況分明是因為早期只顧隔岸觀火，未有做好抗疫工作所致。相比之下，一些國家地區防患於未然，及後的疫情便較輕微。

更讓人唏噓的是美國的不近人情。截至三月二十三日，伊朗確診人數已逾二萬人，超過一千六百人死亡。伊朗曾多次促請美國解除制裁，好讓其使用全球銀行系統購買藥物，但遭美國無情拒絕。目前全球疫情蔓延，國家之間若仍抱着敵意彼此算計，對應付疫情毫無益處。

The Hopkins Manuscript 面世已逾八十年，我希望人類除科研外，政治智慧和道德倫理方面也會有長進。各國務必明白守望相助比互相爭鬥更能有效應對困境，並付諸行動，共同抗疫。

二〇二〇年三月二十七日、三十日《明報》〈三言堂〉

美國抗疫千瘡百孔

截至二〇二〇年四月十四日，美國新冠肺炎的確診人數累計逾五十八萬六千多人，成為「疫情大國」。對素來喜歡認做「一哥」的美國來說，這嚴重損害美國人的自尊心。美國老羞成怒，對未來全球的秩序及政經發展可能有重大的影響。美國因疫情受重創，促使國內兩大鷹派，貿易鷹派（trade hawks）及國安鷹派（national security hawks）合流，中國承受的壓力相信會愈來愈大。

美國成為新冠肺炎第一大國，可算是咎由自取。《紐約時報》（*The New York Times*）在四月十一日發表的一篇報道，指特朗普多次忽視公共衞生專家提交的報告，而報告表明疫情將會是「大流行」（Pandemic）。報道指早在二月二十一日已有一名公共衞生專家，做了不同的新型冠狀病毒分析，指這病毒可能會引致美國一億一千萬人感染、七百七十萬人入院及五十八萬六千人死亡。然而，特朗普不相信專家所言，自顧自

「唱好」美國，指美國百毒不侵，這絕對是美國成為最大疫國的主因。

在一月，特朗普在瑞士達沃斯開會時，表示當時的美國只有一宗由中國輸入的個案，於是在一月三十一日宣佈禁止所有十四日內曾到訪中國的外國人入境美國。然而，隨着美國疫情大爆發，直至三月十六日，特朗普才向民眾發出社交距離指引，防疫措施明顯「慢了很多拍」。特朗普這種不科學、不遵從專業意見及只懂「唱好」的領導作風，只會令國民鬆懈，令他們沒有防疫的戒心。

美國的政制是令美國疫情難以控制的另一原因。《經濟學人》（*The Economist*）於四月十一日刊登的報道指出，奧巴馬當年計劃美國自行生產呼吸機及口罩，以備不時之需。不過在二〇一八年，時任國家安全顧問博爾頓（John Bolton）卻因重組國家安全會議（National Security Council），將轄下的抗疫應變辦公室關閉，令計劃不了了之。

此外，中美貿易戰令供應鏈受損，中國廠商因害怕被美國法庭控告醫療物資的質量欠佳，在出口前必須做好品質控制，因而減慢醫療物資的供應。由此可見，醫療用品在美國的供應早已出現短缺，疫情更令問題加劇。

美國政府權力分散，聯邦政府及州政府各自為政，嚴重影響防疫工作。在「重啟經濟」這議題上，各州長都堅持有關政策必須由州政府決定。然而，對於以打經濟牌及「打倒中國」來贏取總統寶座的特朗普來說，有必要盡快重啟經濟以爭取連任。

再者，美國權力分散，缺乏中央統籌及分發物資的機制，導致州與州之間互相爭奪物資。聯邦政府機構 Federal Emergency Management Agency（FEMA）透過私人公司在中國訂購醫療物資，各州政府得悉後爭相出高價搶購，但同時會有個別州份聯合一起，直接在中國訂購大量醫療物資，而搶購的情況不單單出現在州政府層面，私人醫療企業及安老院亦加入搶購行列。最後更因為聯邦政府「政治掛帥」，將能夠控制的稀有物資，供給友好的州份。美國各級政府欠缺協調，暴露了美國制度上的缺點，也影響美國的抗疫效率。

二〇二〇年四月十七日及二十日《明報》〈三言堂〉

疫後世界大變革

新冠肺炎疫情大流行，歐美國家的確診個案不停創新高，例如二〇二〇年十月初，英國單日新增一萬三千宗確診個案。可以預視冬季的高峰期來臨，情況會更嚴峻。在疫情大流行期間，大部份國家都實施社交距離政策，很多企業讓員工在家工作，人們的生活及工作模式大大改變。很多學者和團體已經思考在這次疫情結束後，人類的生活將迎來怎樣的改變。

著名管理顧問公司埃森哲（Accenture）在一百二十個國家聘有約五十萬名員工，賺取多於四百億美元利潤。埃森哲行政總裁茱莉斯威特（Julie Sweet）接受美國《財富》雜誌（*Fortune*）訪問時指出，新冠肺炎為全球帶來三大變革。

科技的價值

首先是科技的價值。人們不會再討論科技的好處或壞處，而是讓科技成為每個人、社會、經濟體系及政府的必需品。例如，各地政府為市民提供網上公共服務，企業使用視像開會。科技將進一步融入我們的日常生活。

速度的體現

第二項是速度的體現。茱莉斯威特認為某些企業和國家得以成功，是由於他們反應夠快。以中國為例，在這次疫情中，中央政府反應敏捷，短時間內果斷落實多項防疫抗疫措施，成功在兩個月內遏止疫情。根據國家統計局最新公佈的數據，中國第三季度國內生產總值的同比增長達百分之四點九，是全球首個擺脫疫情恢復增長的大型經濟體。

可持續發展目標

至於讓茱莉斯威特感到最興奮的第三項變革，是疫情提供大好機會，讓聯合國加速達成可持續發展目標。一直以來，聯合國為應對世界需求，訂下一系列目標，包括注重環保、處理氣候變化問題、保育海洋資源等等。茱莉斯威特直言，此次疫情加速蔓延凸顯了國與國之間密切的關係，使人們意識到全球連結的特點，亦將因此，各國和各企業會加大幅度，為達成可持續發展目標工作。

這正好回應習近平主席一直強調的觀點——人類是命運共同體，一榮俱榮，一損俱損。譬如說，某個國家嚴重破壞當地氣候，亦會影響其他國家，加劇全球暖化。又譬如美國總統特朗普惡意針對中國，刻意挑起中美貿易戰，不單使兩國關係破裂，同時也會波及其他國家，經濟實力較弱的國家更會大受影響。茱莉斯威特明言，經此一「疫」，各國已明白，再次爆發嚴重疫情的機會極高。

企業應建立企業良知

此外，茱莉斯威特認為，現時是為人們提供大量提升技能訓練的最佳時機，使大家能盡快適應融入科技的新生活模式。面對轉變，埃森哲改革口號為「Let there be change」，並訂立新目標「to deliver on the promise of technology and human ingenuity」，旨在利用人類的獨創能力開發新科技。茱莉斯威特也指出，目前首要是讓企業採用嶄新戰略方案，日後以可持續發展為主要綱領。

茱莉斯威特直言，企業不應只為股東服務、把賺取利益視作最大目標，而是要多走一步，為不同持份者考慮，建立企業良知。事實上，很多《財富》雜誌世界五百強企業已陸續支持這新理念。我也曾向領展和港鐵等本港大企業提議，除注重盈利，企業應向乘客、員工、政府等持份者負責。例如把市民負擔的車費減到最低、確保員工有良好的工作環境、合理的薪酬福利等等；甚至在聘請外判員工時，亦要保證他們得到最低工資，並在疫情期間獲得充足的防疫裝備。長遠而言，上述可持續發展的理念最終都對企業有利，能創造更大利益。

二〇二〇年十月二十三日及二十六日《明報》〈三言堂〉

中國先贏疫苗外交戰

美國藥廠輝瑞（Pfizer）及德國生物科技公司（BioNTech）就合作研發的新冠疫苗作出公佈，輝瑞疫苗最新有效率高達百分之九十五，較二〇二〇年十一月九日公佈的百分之九十為高。輝瑞表示，他們會盡快向美國食品及藥物管理局（FDA）申請緊急批准使用該疫苗。然而，輝瑞的疫苗必須冷藏在至少攝氏零下七十度的極低溫度，才能在不影響效果的前提下保存六個月。倘若，疫苗冷藏在攝氏二度至八度的冰箱內，就只能保存五天，保存的要求較難做到。輝瑞的股價亦因此受到影響，股價自十一月九日消息公佈後，表現反覆，徘徊在三十五至三十七美元之間，十一月十九日收市價為三十六點一九美元。

美國另一大藥廠 Moderna 則於十一月十六日公佈，其疫苗效力達到百分之九十四點五，又表示疫苗只需要存於攝氏零下二十度，便可存放六個月。在美國疫情再度反彈下，新冠疫苗即將面世，對美國來說是大好消息。那邊廂，當美國兩大藥廠仍在競爭時，中國在這場疫苗戰上，已先贏一仗。

根據美國《外交》雜誌（*Foreign Affairs*）一篇名為"China is Winning the Vaccine Race"的文章指出，現在全球爭相研發首製疫苗，包括四間中國藥廠在內，全球各大藥廠研發疫苗的速度相若，已經到了第三階段臨床測試。當中最著名的中國醫藥集團（Sinopharm），已向身處阿聯酋的前線員工派發疫苗。中國又主動向其他發展中國家派發疫苗及提供貸款以購買疫苗。

相對地，特朗普政府似乎無意與中國競爭，加上執迷「美國優先」（America First）政策，美國不但拒絕世界衞生組織（WHO）的邀請，向疫情嚴重的國家派發疫苗，又拒絕效法中國，向受影響的發展中國家提供貸款。在疫苗價格上，美國根本是毫無競爭力，並不是中國的對手。作為資本主義大國，美國政府會確保大藥廠的疫苗能賺取一定利潤，導致疫苗價格昂貴。該文章指Moderna藥廠推算每支疫苗價格介乎六十四美元至七十四美元之間，一點也不便宜。

反觀中國，作為社會主義國家，利潤不是中國的首要考慮重點。國家主席習近平已同意向拉丁美洲及加勒比國家提供十億美元貸款，津貼他們購買中國疫苗。其實，經過疫症爆發初期全球搶購抗疫物資後，歐美國家已不再依賴中國生產的抗疫物資，令中國明白他們研發的疫苗，難以通過歐美市場的關卡，銷售到歐美市場。因此，中國先向佔有全球一半人口，位於亞洲、非洲、中東及拉丁美洲等發展中國家派發疫苗，以先開發有關市場。即使這些發展中國家現時依靠中國資助購買疫苗，這些全是具潛力的國家，將來必定會成為龐大的市場。中國透過「一帶一路」，建立「健康絲綢之路」，不但贏盟友，更為自己建立良好的形象，領導疫苗市場。

美國的資本主義令其疫苗價格失去競爭力，加上執迷「美國優先」，拒絕幫助其他國家，不但令自己失去朋友，在這疫苗戰的策略上輸給中國，中國成為大贏家。

二〇二〇年十一月二十二日及二十五日《明報》〈三言堂〉

疫苗供應短缺打擊貧窮國家

大抵很多讀者都知道，這幾個月來，我女兒一直在倫敦工作，沒有回港。她告訴我：「倫敦疫情嚴峻，病毒無處不在。」她的公司有一名員工確診，猶幸公司早已安排他們在家工作，因此她沒和該員工接觸。女兒說他們經常留在家中，最多只到公園散散步，雖然有點悶但當然是抗疫至上。

不說不知，英國政府容許國民組織「支援氣泡」，單身人士可與較多人來往，互相支援，但一個家庭只可與另一個家庭來往。此外，女兒又說當地不會像香港那樣，每日有彙報確診個案的報道。很多人往往要死後才確診，反映當局根本無能力處理大量案例，聽起來有點荒謬，但疫情之嚴峻可想而知。

「英國還有一個怪現象，即使疫情這麼嚴峻，仍有大量人不願戴口罩。」女兒對這點感到迷惑，我則認為是外國風氣使然。他們崇尚自由，即使接受短期禁足，一旦措施放鬆，又會蜂擁而出，引發下一波爆發。英國政府只好將希望放在疫苗上，首先安排前線醫護、長者及長期病患者優先接種疫苗。像我女兒這些年輕人，相信最快要兩年後才能接種疫苗。先進國家如英國尚且如此，貧窮國家的情況則更惡劣。

疫苗供應以大國為先　貧窮國家堪憂

《外交》雜誌（*Foreign Affairs*）一篇題為"Vaccine Nationalism will Prolong the Pandemic"的文章指出，疫苗供應以大國為先，加深貧窮國家的苦況，延長大流行。如美國這些醫療科技先進的國家，已花數十億美元，購買五億劑由輝瑞及 BioNTech 研發的疫苗，佔該兩藥廠直至二〇二一年年尾生產的第一批疫苗的百分之九十四。有估計指，佔全球七分之一人口的國家，已購買全球超過一半的可靠疫苗。

香港已參與由世界衞生組織牽頭成立的「疫苗保障機制」（COVAX），宗旨是希望全球的疫苗可按人口分配，但市場上明顯供應不足，機制很大機會失敗。

各國重犯應對愛滋病的錯誤

文章指出，各國政府應對新冠肺炎疫情的手段，重犯了一九九〇年代應對愛滋病的問題，加深貧窮國家的苦況，可能造成另一悲劇。

當時，全球只有十多個國家有能力製造抗疫藥物及疫苗，而製造疫苗比製造藥物更為複雜。一九九〇年代愛滋病肆虐時，先進國家開發了抗愛滋病藥物，但費用相當昂貴。他們不想低價予貧窮國家，於是劃定國際一致的統一價格，非洲及其他貧窮國家難以負擔，導致當地疫情失控。

一九九八年，南非以人均收入計算的「抗愛滋病毒藥物成本」（antiretroviral drugs cost），比瑞典及美國還高。當年南非政府希望從外國輸入較便宜的藥物，竟遭到三十九間先進國家的藥廠控告，曼德拉成為被告人。克林頓政府及其他歐洲國家都支持這些藥廠的舉動，引發在全球的愛滋病研討會及一九九九年世界衛生組織在西雅圖舉行的會議場地外均有大型示威。當時戈爾正角逐美國總統，有示威者高呼「Gore's Greed Kills: AIDS Drugs for Africa」，指責發達國家因為貪婪，害非洲得不到愛滋病藥物。事件成為當年的國際頭條，克林頓政府最終屈服，不再支持這些藥廠，而這三十九間藥廠亦在二〇〇一年四月撤銷控訴。

當年的世界衞生組織及其他國際合作援助組織，根本沒能力在市場上購買足夠疫苗分配到貧窮國家，最後要靠蓋茨夫婦基金會等捐助數十億美元，才得以研究、發展及分配抗愛滋病藥物到貧窮國家。二〇〇一年至二〇一〇年期間，援助金額由一百零八億美元倍升至二百八十億美元。換句話說，貧窮國家需依靠私人援助才獲得抗愛滋病藥物，而目前的新冠疫苗戰，大有可能重蹈覆轍。

二〇二一年一月三日及六日《明報》〈三言堂〉

疫苗引發國家資本主義

新冠肺炎爆發以來，各國實施各種社交距離措施，甚至封城，以遏止疫情。在一些西方國家，民眾已出現抗疫疲勞，甚至「抗出怒氣」。例如在加州，有民眾因為不滿封城而發起罷免州長文紐森（Gavin Newsom）的行動。現時，仍有美國人不相信新冠肺炎的存在，拒絕戴口罩及遵守社交距離措施。因此，美國政府早將遏止疫情的希望放在疫苗上。發達國家相繼研發及生產疫苗，這過程體現了「疫苗國家主義」（Vaccine Nationalism）及「疫苗資本主義」（Vaccine Capitalism）。

現時，有能力研發及生產疫苗的國家寥寥可數，包括使用傳統「滅活」技術的中國、重組腺病毒作為載體的俄羅斯、利用 mRNA 技術的美國輝瑞及莫德納藥廠、採用黑猩猩腺病毒的英國牛律大學及阿斯利康，以及用上類似技術的美國強生藥廠等。我於二〇二一年三月二十四日視頻出席由印度電視台舉辦的「WION TV 全球高峰會」，討論疫後的世界秩序。參與的國家包括突尼西亞、馬里及斯里蘭卡等，他們均表示國際間缺乏合作及領導，發達國家生產的疫苗並沒供給發展中國家使用。

《彭博商業周刊》（*Bloomberg Businessweek*）一篇題為“Vaccine Capitalism”的文章詳細報道，輝瑞藥廠從疫情中牟取暴利。美國政府在二〇二〇年五月已宣佈推出名為Operation Warp Speed（簡稱 OWS）的項目，以資助機構研究新技術開發疫苗。然而，二〇二〇年六月 OWS 與輝瑞初接觸時，輝瑞行政總裁 Bourla 卻拒絕他們的資助，並向 OWS 表示已掌握 mRNA 技術，更建議 OWS 預先向他們訂購疫苗。但其實當時 mRNA 技術仍未獲得批准使用。隨後，Bourla 在全球推廣疫苗，各國爭先搶購，英國更成為第一個與輝瑞達成購買協議的國家。二〇二〇年七月，英國決定向輝瑞購買三千萬劑疫苗，後來加碼至四千萬劑，輝瑞承諾在二〇二〇年至二〇二一年交貨。後來，輝瑞疫苗的供應卻不似預期，硬件配套及原材料供應都追不上生產進度，期待疫苗的國家只能苦苦等待。

現時，輝瑞已生產九千五百萬劑疫苗，並預計在二〇二一年的生產量將增加至二十億劑，在二〇二一年收入至少增至一百五十億美元。自二〇二〇年五月，輝瑞行政總裁

Bourla 接觸各國領導人推銷疫苗，隨着各國紛紛搶購疫苗，去年暑假開始，每劑輝瑞疫苗的價格已高達六十五美元，與初時每劑最高三十美元相比，價格足足高出一倍，但訂單繼續滾滾而來，已有超過六十個國家向輝瑞訂購疫苗。

可是，輝瑞疫苗的供應卻不如預期。二〇二〇年十二月，輝瑞把首批疫苗運送到以色列後，再在二〇二一年一月把第二批七十萬劑疫苗送達，以色列總理還到特拉維夫機場親自迎接。原來以色列一開始便以高於美國百分之五十的價格，即每劑三十美元來搶購，可算是「快人一步，理想達到」。然而，輝瑞卻在首批疫苗運抵以色列後，通告其他國家，由於疫苗產量不足，全球供應將會減少，這信息觸怒了疫情重災國意大利。換句話說，輝瑞藥廠要求價高者得，以和國家領導人的聯繫和利益來分配疫苗。以色列成功搶購，其他國家卻「輸在起跑線」。

此外，疫苗亦反映國家主義（Vaccine Nationalism），每個國家都只維護自己的利益。美國只相信自己的疫苗；而英國方面，即使注射阿斯利康的疫苗或會出現凝血，約翰遜亦堅持注射。正如出席「WION TV 全球高峰會」的發展中國家代表紛紛指出，在抗疫這件事上，發達國家之間欠缺領導和合作，其實他們不單可以分享疫苗，更可以分享製造疫苗的技術，以增加全球供應。目前，只有中國分發疫苗到貧窮國家，俄羅斯亦有分享他們製造疫苗的技術予其他國家。由此可見，發達國家平日滿口人權道德，遇上國際共同危機時卻沒有做好領導工作，漠視發展中國家的需要，自私自利可見一斑。

二〇二一年四月三日及六日《明報》〈三言堂〉

天地
www.cosmosbooks.com.hk

書　　名　走向光明
作　　者　葉劉淑儀
責任編輯　郭坤輝
統　　籌　霍詠詩
協　　力　黃詠儀　陳閱川　黃瀞蘭　黃知勇　陳英偉
　　　　　夏久菊　李儀雯　譚美詩
封面設計　郭志民
美術編輯　楊曉林
封面攝影　李文錫
鳴　　謝　香港黃金海岸酒店
出　　版　天地圖書有限公司
　　　　　香港黃竹坑道46號
　　　　　新興工業大廈11樓（總寫字樓）
　　　　　電話：2528 3671　傳真：2865 2609
　　　　　香港灣仔莊士敦道30號地庫（門市部）
　　　　　電話：2865 0708　傳真：2861 1541
印　　刷　亨泰印刷有限公司
　　　　　柴灣利眾街德景工業大廈10字樓
　　　　　電話：2896 3687　傳真：2558 1902
發　　行　香港聯合書刊物流有限公司
　　　　　香港新界荃灣德士古道220-248號荃灣工業中心16樓
　　　　　電話：2150 2100　傳真：2407 3062
出版日期　2021年7月／初版

ISBN ： 978-988-8549-89-4